集人文社科之思　刊专业学术之声

集 刊 名：数字治理评论

主办单位：教育部人文社会科学重点研究基地中山大学中国公共管理研究中心、
中山大学政治与公共事务管理学院

主 编：郑跃平 郑 磊

Digital Governance Review Vol.4

第4辑

集刊序列号：PIJ-2017-215

中国集刊网：www.jikan.com.cn/ 数字治理评论

集刊投约稿平台：www.iedol.cn

本集刊获"共同富裕背景下的数字政府建设研究:数字包容、决策范式与实施路径"(22JJD630024)项目资助与支持

DIGITAL
GOVERNANCE
REVIEW Vol.4

数字治理评论

第4辑

郑跃平　郑　磊　主编

社会科学文献出版社
SOCIAL SCIENCES ACADEMIC PRESS (CHINA)

数字治理评论 （第4辑）

2023年12月出版

数字政府的基本概念、核心问题与未来趋势[*]

——基于界面理论范式的视角

孙宗锋　王瑞娜^{**}

摘　要　与如火如荼的实践相比，理论界对数字政府建设的讨论并不充分。围绕数字政府基本概念，从界面理论范式出发，本文将数字政府视为政府通过数字化实现政府界面、服务界面及政府与公民互动界面重构的过程。在每个界面范式内，我们依次对数字政府建设过程中的关键理论命题进行了阐述。本文也提出了有关未来数字政府研究与发展的展望。

关键词　数字政府　数字化　协同治理　数据共享　数字鸿沟

一　引言

伴随着大数据、云计算、人工智能、区块链等新一代信息技术的兴起与普及，越来越多的国家开始重视并推进数字政府建设工作。《2020 年联合国电子政务调查报告》显示，世界各国正在利用数字技术创新性地转变运作方式，以分享信息、决策和提供服务的方式与公民互动合作。帕特里克·邓利维等首次提出，新公共管理的改革浪潮已逐步退出历史舞台，"数字时代治理"（digital-era governance）的序幕正缓缓拉开（Dunleavy et al.，2006）。

---

　*　资助项目：数字政府转型的基础理论与实践模式（2022RW003）。

　**　孙宗锋，管理学博士，山东大学政治学与公共管理学院教授，研究方向：大数据与电子政务、公共组织理论与绩效评估、廉政等；王瑞娜，山东大学政治学与公共管理学院硕士研究生。

中国政府高度重视信息化与数字化建设。党的十九大报告指出，在经济社会飞速发展和中国特色社会主义进入新时代的双重背景下，党和国家应充分运用信息技术手段开展工作，贯彻落实数字中国战略。党的十九届四中全会明确提出推进数字政府建设倡议，这是数字政府概念首次正式写入党中央的正式文件，代表着数字政府建设被正式纳入我国治理体系和治理能力现代化内容之中。为提升全民数字素养与技能水平，增强全民数字化适应力、胜任力、创造力，中央网络安全和信息化委员会于 2021 年印发《提升全民数字素养与技能行动纲要》，这将极大助力数字经济、数字社会和数字政府的发展。基于此，各地陆续开展了一系列有关数字政府建设的探索实践，例如"最多跑一次"改革、"政务服务智能化供给"、"政务热线智能化转型"等。从基础设施的迅速更新到各业务领域的数字化，再到政民互动的数字化进程，我国数字政府建设正在实现跨越式发展。

与各地如火如荼的数字政府实践相比，理论界在数字政府的基本概念、核心命题、现存问题以及未来发展趋势的图景方面依然不够清晰，对于未来数字政府发展的趋势和走向缺乏理论指引。因此，系统梳理国内外有关数字政府的相关研究对我国数字政府建设和理论研究具有重要的指导意义。

二 基本概念与演进发展

（一）基本概念梳理

1. 作为技术应用的数字政府

在对数字政府的概念界定上，一些学者从过程视角出发，认为数字政府是一个以信息与通信技术（ICT）为主要手段的行政过程，具体指运用信息与通信技术支持政府运作、吸引公民参与和提供政务服务的过程。Gil-García 等（2018）认为，为鼓励公民参与政府决策，公共部门会使用信息与通信技术来改善信息和服务供给状况。这是作为技术应用的数字政府的基本形态，能够有效提升政府执行力，使其更为负责、透明和有效。

尽管电子政务同样依托信息与通信技术，但二者在概念界定上既有交叉又存在重合，在此须厘清数字政府与电子政务的异同。大部分学者认为，二者存在联系，数字政府与电子政务在一定情况下具有通用性，可以作为同义词交互使用，但两个名词的概念内涵有较大差异。从关注内容上讲，电子政务主要关注政府内部在数据共享和业务流程再造上的举措；数字政府则强调政府部门间及政府部门同外部企业、民众的各类信息交互活动等，因此具有更加广泛的内涵。从实现目标方面讲，电子政务旨在通过技术加快现有进程，而数字政府注重服务转型与工作创新，以便各类流程得以优化，在数字时代实现政府能力的提升。

2. 作为新治理模式的数字政府

不同于以技术应用为界定标准，有一些学者认为，数字政府代表一种新的治理模式，即数字治理模式。数字治理模式又有广义与狭义之分。从广义上讲，数字治理模式的实质是一个同拥有政治权力、社会权力的组织相关联的活动形态，其中既包括对经济和社会资源的全面管理，又涉及政府、立法机关在公共管理过程中一系列活动被影响的逻辑过程。从狭义上看，数字治理模式是指在政府主导作用下，实现以政府与公民、企业为代表的各类主体的经济社会互动，是政府内部利用信息化手段以简化行政流程、提升政府民主化整体水平的治理模式。因此，作为新治理模式的数字政府不仅有利于重塑政府与民众的关系，还能够为民众提供更便捷高效的服务，具有更加重大的意义与丰富的内涵。

（二）演进阶段归纳

基于不同治理模式，有学者认为，近年来，互联网、物联网、大数据分析、人工智能等新兴信息技术手段雨后春笋般涌现并投入使用，政府治理的许多新理念、新标签应运而生。从电子政务、电子治理等宽泛概念的出现，到官微、政务 App、"互联网 +" 政务服务等应用性业态的产生；从情报管理、资源管理、知识管理，到信息技术治理、数据治理；从数字城市到智慧型城市；从政务公开、公共信息资源开放，到数据交换、数据开放、数据权利的实现，无一不体现着数字政府从初生到逐步发展完善的阶段性演进和发展特征（黄璜，2018）。而数字政府建设由于数字治理理念的深入人心而不断推进，由此衍生出了更具新业态样式的数字政府形式。

由于各时期内数字技术样式的特征明晰，因此数字政府建设的推进过程具有阶段性特征。李锋、周舟（2021）认为数字政府经历了从办公自动化到信息政务建设再到电子政务，最后直至数字政府形态这几个历史演进时期，是一个由数据治理驱动政府理念变革的过程。翟云（2018）以时间为序列，以政府运作模式演进、制度体制创新及观念态度转变为标准，将改革开放后中国电子政务的发展划分为萌芽孕育时期、起步发展时期、全面建设时期、创新发展时期四个阶段，体现了我国政府治理体系和治理能力现代化实践路径的不断优化。综上所述，尽管我国数字政府建设与数字治理模式的发展进程不断加快，但具体来看，当前的数字治理并非全方位、立体化的治理，治理重点仍局限于数字国家、数字社会、数字城市、数字经济与数字文化这五大关键领域，我国数字政府建设仍处在探索建设阶段。

数字政府及其在各省（区、市）的实践并非在短期内全面铺开的，而是首先由一个或多个城市创新实施，之后不断扩散推广到全国。基于此类现象，少数学者以创新扩散理论为基础，进行了电子政务及数字政府实践的创新扩散影响因素研究，试图探究数字政府建设的推广普及动力及扩散模式，即数字政府作为一种创新政策，于一定时间内在社会系统中的各个行动者之间通过某种渠道发生转移、模仿、再创造、再利用的过程。

对创新扩散的影响因素的分析一般从内部决定因素与外部政策扩散机制两方面展开。其中，内部决定因素是指某辖区的社会、经济和政治特征；外部政策扩散机制包括纵向与横向两类，Shipan 和 Volden（2008）将其进一步归纳为学习、竞争、模仿和强制的政策扩散机制。当前，我国学者主要以地方数字政府政策扩散的影响因素及机制模式为内容，进行了大量实证工作。例如，马亮（2012）通过研究我国地方政府对政务微博的采纳与使用发现，府际竞争、府际学习、上级政府压力、公众压力与组织资源及能力显著影响政府开展数字政府建设的实践活动。邓崧等（2021）聚焦府际关系这一视域，归纳总结了横向与纵向这两类单路径府际关系的数字政府建设创新扩散模式，同时提出了双路径府际关系下的四种数字政府建设推广模型，独具创新和归纳意义。

三 界面理论范式：集成

在信息技术时代，技术变革导致政府和治理兼具工具论和本体论特征。

工具论强调政府和治理必须依靠信息技术提高管理效率，本体论要求治理以新形态适应技术变革，因而需建构新的理论分析范式，政府和治理也会以全新模式呈现。西蒙曾对人工智能科学思想进行系统性阐述，他将人工物与自然物通过界面的概念联系起来，因而界面在人工物与自然物所形成的内部结构与外部环境之间起到了分割作用，人工物与自然物得以被清晰区分、明确界定（Simon，1996）。基于此，李文钊提出了界面这一全新分析单位，主张通过对界面本身特征、内部结构、外部环境和功能目标进行分析，建构一个基于界面结构的理论范式，以讨论信息时代的政府和治理改革（李文钊，2020）。

根据西蒙的观点，治理作为一种人工物，不同于自然物，这使得治理的新科学应该是基于人工科学而不是自然科学来建立的（Ostrom，1980）。因此，在总体设计上，界面理论规定治理包含界面、内部结构、功能和环境四个要素，界面及其功能构成了其内核与关键，内部结构起到了支柱作用，而环境则为外在制约因素。功能和目标、内部结构与外部环境共同构成人工智能科学的三个基本要素，自然科学对内部结构和外部环境发挥作用（李文钊，2019）。

从界面理论范式来看，数字政府建设的实质是通过一体化的政府界面服务实现集聚，以此进行跨部门、跨层级、跨系统等更深入的多维协同，从而为公民提供体系化服务。以官僚制为层级架构的政府后台既是一个集成界面，也是一种包含多层立体结构的嵌套界面体系。这个体系对政府界面的系统化、条块化与层级化进行梳理，使政府后台成为一个整体。这较好地满足了外部环境要求，也使其具备对内调整重构的能力，拥有较强的内部独立性和外在交互性。由多元化公民组成的服务界面相对较为繁杂，多类型用户画像下的不同个体共同构成了数字政府的服务界面。该界面主体为公民，在外部环境约束既定的情况下，公民的人口学特征要素会在一定程度上决定公民的数字化水平，也影响着其使用及评价后台界面的结果。

总结数字政府建设的相关文献，我们发现有三个主要界面的重构，分别是政府界面、服务界面和政府与公民互动界面。其中，政府界面属于地方政府自发的创新，主要内容是数字技术在政务服务中的运用，强调服务的数字化；服务界面的建设依赖于公民的数字化水平和能力，这一内容会对政府界面的数字化效果起到推动或阻碍作用；政府与公民互动界面则更多包含的是前两大主体综合利用各种方式和手段进行的沟通与交流，涉及政府与公民的互动关系，强调公民使用ICT及政府依据公民反馈进行改进的相关内容。因此，数字政府是通过数字化这一要素搭建三个界面间的关系，即政府界面重构（后台界面）、服务界面重构（前台界面）、政府与公民互动界面重构（互动界面）的交互，最终实现"一个界面，所有服务"的目标。综上，本文将从政府界面、服务界面及政府与公民互动界面三个维度对数字政府建设现有研究进行综述，具体关系及作用路径见图1。

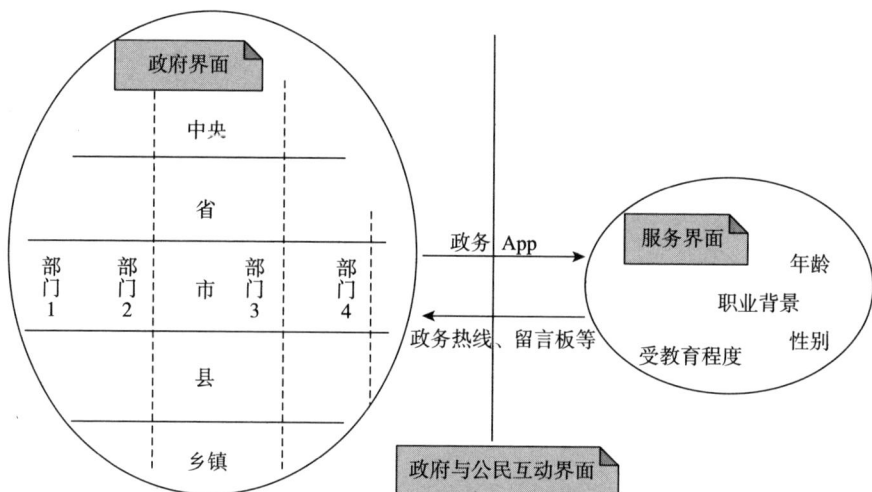

图1　数字政府建设界面关系及作用路径

四　核心问题

（一）政府界面重构

1. 数字化过程：技术嵌入与业务再造

近年来，随着数字中国战略的逐步确立，全国各级政府部门相继颁布了关于数字政府建设的规范性文件。然而，相关探索刚刚起步，可能会造成形式数字化、过度数字化、信息孤岛化、建设封闭化等令人担忧的问题（王伟玲，2019）。这些问题的解决亟待政府不断推进数字化、增强技术嵌入的有效性。这一方面表现为业务能力与技术能力的双重提升，另一方面，意味着技术嵌入业务的实现。因此，政府建设的数字化过程不仅应包含数据信息的整合，也应着眼于各项技术同具体业务的耦合。

数字政府的技术能力是指先将数据进行开放与共享，随后对其加以治理的能力。数据开放与共享具有重要的现实意义。面对复杂多变的环境，政府需要一个反应更为灵敏、效能更高的治理结构来汇聚民智、形成强大的合力，为应对复杂社会技术挑战寻求解决方案；而智能化政府建设的关键因素是协调、持续参与、数据开放和信息共享。信息集成与共享可以提高生产率、改进决策、降低成本、增加收益和综合服务（Gil-García & Pardo，2005）。因此，数据开放和信息共享应当被摆在数字政府建设及数字化进程实现的首要位置。

许多学者归纳了数据开放和信息共享中的现实问题，突出表现为"条块分割"和"数据孤岛"两类形式。商晓帆认为，"信息孤岛"的内涵与外延将随我国电子政务的发展而变得更为宽广，体现在技术与非技术两个层面。所谓技术层面的"信息孤岛"，就是各类相对单一且彼此封闭的大数据信息资料系统，由于无法形成完整的业务链，因此各系统间也无法进行正常的信息交换，产生了一个个相对离散、独立的信息岛屿，这严重影响了数据共享的深度与广度（商晓帆，2008）。因此，"条块分割"和"数据孤岛"问题逐渐成为延缓各地数字政府建设进程的重要因素。

政府对数据的治理是数字政府能力的重要维度。随着数字技术嵌入政府组织，这一手段突出了基于大数据技术的政府服务形式的创新，这将全面增强政府政务服务能力、信息收集和处理能力、资源整合能力和社会综合治理能力。当前情境下，我国各级政府已经借助多样化平台、智能化手段基本实现了对数据的治理，但下阶段应如何将数据同业务流程相耦合，使数据最大限度地发挥效用，是政府数字化发展过程中需要深挖的关键问题，即如何做好"用数据治理"。

2. 部门创新与数字政府建设悖论

作为数字政府实践的典型代表，"一网通办"的政务服务形式推动了数字化变革，在增强公民幸福感的同时，也倒逼着各层级的服务型政府不断开拓政府与市场跨部门合作治理的新思路（王欢明，2021）。但由于政府在前期缺乏必要的信息化顶层设计，目前政府内部各部门的信息化管理水平和应用能力仍有较大差距。自 20 世纪 90 年代以来，公检法、财税等部委较早地进行了关于地方政府信息化工程建设的探索，在全国范围内较早地推出了一整套满足内部管理需要的业务信息系统。在此后较长的一段时间里，这类系统大多通过专用网络进行链接，数据和信息也更多停留在上下级部门间的传输与共享层面（易龙飞、陶建钟，2020）。由此可见，尽管各部门内部创新层出不穷，然而未能在更广的跨部门范围内进行宣传或推广，各部门间信息割裂、举措各异，不利于数字政府整体水平的提高。

早期部门创新实践忽略了数字政府建设的整体性，以突出特色、打响品牌为主，更多的是展示本部门工作中独特的数字化举措。但是，随着系统不兼容性问题的出现，这类以部门创新为主要内容的数字政府创新越发减少，取而代之的是跨层级、跨部门联动的整体性实践。如北京市于2018年开始推进的"吹哨报到"机制，形成了由基层发起、调集条线职能/专业部门的条块化协调机制，是协同解决一线公共治理问题的新制度设计（孙柏瑛、张继颖，2019）。这一类数字政府建设的制度设计打通了基层向上"汇报"的通道，也对条块关系进行了整合，建立起一个统筹性、整体性、数字化的体制模式机制，在数字政府建设的大背景下实现了跨部门协调与跨层级联动的统筹模式。

3. "三跨"困境与整体性治理的实现

2020 年 9 月底，国务院办公厅发布了有关加速推进政务服务"跨省通办"的指导意见，其中强调要切实提升"跨省通办"数据共享支撑能力，加强多地协同联办模式培育。自此，各地市均开展了跨部门、跨层级和跨地区的政务服务改革探索与创新实践，如部门协同、资源共享等电子政务手段的优化，但也遭遇了一些困境。

从数字政府建设各治理主体的关系来看，不同部门、层级及地区内各治理主体的分工与协作并存，并贯穿整个治理过程。但在现阶段，数字政府建设面临业务分工不明晰、数据资源难共享、地区发展不均衡等突出问题。由于基础设施及资源分配状况不均，各级政府及其下辖部门的公共服务供给能力普遍较低，这导致各类政务服务的提供在部门职责和能力受到制约的情况下无法达到最优，直接导致跨部门、跨层级、跨地区数字服务的提供无法实现。因此，数字政府建设离不开整体性治理理念的指导，只有实现整体性治理，才能有效规避现存的数据壁垒、信息流通不畅等一系列问题。数字政务建设的整体性治理模式也需以协同、整合和信任为机制，充分考虑治理主体协同、政务数据协同和政策制度协同相关问题（徐玉德、董木欣，2021）。不难看出，数字政府建设应将整体性治理思想贯穿全过程，跨部门、跨层级与跨地区过程中任何主体的缺位、越位都会导致整体性治理困境的产生。

也有研究者从组织变革角度对数字时代的协同治理进行了分析。Klievink 和 Janssen（2009）提出，以数字行政体系为基础的协同型数字政府建设需要经历五大发展阶段，其中最后也是最重要的一个阶段，就是需求驱动的协同政府建设阶段。从政府内部子系统的协同来看，中国地方大数据管理机构的设置与沿革是政府内部子系统协同治理的重要实践。孟庆国等（2020）对我国各地大数据管理机构的建设数量、机构性质、隶属关系和职权职责四方面在第八次机构改革前后的变动情况进行了剖析，发现省级大数据管理机构的建立对地级市有显著带动作用，有利于协同治理的进一步实现。张克（2019）通过梳理 31 个省、自治区、直辖市公布的省级机构改革方案，得到有关省级大数据管理局的机构设置与职能配置状况，并指出目前各省级大数据管理局在工作中存在和面临组织性质不明确、职责定位不清晰、职能配置不科学等问题。不难看出，现阶段数字政府内部涉及协同治理的多个职能部门定位不明确、联系较少，亟待增强其在相关领域的协同治理联系，促进治理能力提升，为下一步进行跨部门、跨层级、跨地区的整体协同治理，实现数字化转型提供强有力支撑和制度性保障。

在政府同外部各主体的协同治理方面，互联网正走向平台化。在《政府即平台》中，O'Reilly（2011）率先将平台概念扩展到政府治理领域。随后，Van Dijck 等（2019）提出了"平台社会"概念，认为互联网平台将在信息、社交、娱乐、商业等多方面，利用数据和算法搭建起一个完整的数字社会空间。在这个数字社会空间里，生产者、消费者不仅以市场主体的关系相互链接，而且同政府、公众等参与者共同形成生态，从而构成平台社会。基于此，北京大学课题组（2020）提出了"以民众为中心"打造执政理念，以服务提供为导向带动整体协同，以"中台"为枢纽推进多方协作，以数据安全为基石保证系统运行的"平台驱动的数字政府"框架。这不仅实现了智慧政务服务和高效协同办公，也大大提高了政府部门治理的现代化水平。胡重明从数据链接、流程驱动和结构再造三个维度对"政府即平台"建设的方案进行了论述，同时结合对浙江省"基层治理四平台"的探索经验得出，协同治理的核心依旧关乎数字化能否真正改变职权、职责等要素以及资源的关系、结构问题，因而任何达成此目标的模式都有可取之处（胡重明，2020）。未来，平台治理与数字政府建设相融合的可能性将被极大挖掘，数字治理平台建设将成为主流，这或许将成为数字政府建设向更高层次推进的突破口之一和新时代背景下政府数字化转型的新目标。

4. 数字限权合理性

进入数字时代，信息技术的发展一方面带来社会发展与长足进步，公民得以更多参与到社会治理之中，享有监督、献言的权力，这有效提高了政府决策的水平和质量，增加了治理的包容性内涵；另一方面，信息技术的发展也会导致数据泄露等一系列问题出现，严重侵犯个人隐私。国外有研究指出，数字技术成为约束制衡行政执法机关尤其是一线行政人员，即街头官僚自由裁量权的新方法（Busch & Henriksen，2018）。随后，国内相关研究也表达了这方面的担忧，如米加宁等（2020）率先提出了数字政府具备规范地方政府权力的潜在作用。此后，有关数字限权的研究在国内逐步推广开来。

李齐基于"权力生产"的基本视角与框架，给出了数字时代权力生产的基本逻辑：政府由于数据资源的迅速流动而拥有了更高的资源效率与更大的权力总量，这推动了社会生产空间的扩展，赋予了人们更多的生活空间，同时创造了大批公共服务产品，最终提升了政府能力；但是，数据的快速流动使得各类数据被分割垄断、个人权利受到侵犯、政治民主制陷入困境、政府监督管理无力，从而产生了数字时代的乱象（李齐，2019）。通过对2018~2020年浙江省企业线上投资审批平台建设全过程的追踪与实证研究，谈婕、高翔（2020）提出，更高层次的政府部门推进更为统筹、高效的整体性数字政府建设时，将会因数字限权而产生更为严格的纵向控制。综上，现有研究表明数字限权对约束政府行政权力、保障公民隐私安全具有重要作用。如何更好将数字限权理论同现实数字政府建设深度融合，以规避数据流动带来的潜在风险，实现数字技术对政府治理现代化、科学化的推动作用，具有重要意义。

（二）服务界面重构

1. 数字鸿沟

数字鸿沟（digital divide，DD）概念在 20 世纪 90 年代中期左右进入公众视野。最初，该词语就被用于表示人们在获取信息与通信技术方面的差异（Yu，2006）。从 20 世纪 90 年代末开始，有关数字鸿沟的定义经常出现在学术研究中。Brixiova 等（2009）认为，信息和通信技术的传播推动了知识获取的进程，但因其在社会阶层的分布不均，因此经济发展和财富创造会或多或少造成极不均衡的负面状态，即数字鸿沟。

大多数学者主张，应当从获取和使用两个方面来界定这一概念。基于上述分类，也就产生了第一道数字鸿沟和第二道数字鸿沟的概念。第一道数字鸿沟是指获取 ICT 的差异，而第二道数字鸿沟指的是使用 ICT 方式的差异。但互联网使用结果在实践中也相当重要，因此，数字鸿沟的内涵被逐渐拓展至第三层级，即数字结果鸿沟，其着眼于互联网的使用结果，包含有益结果及不平等结果两种类型。但也有学者指出，访问和使用的划分只遵循了二分法原则，该概念不应只被看作单一维度上进行的两级划分。相反，数字鸿沟应被概念化为多维上的连续统，是一个复杂而动态的现象，国家间的信息和通信技术差异、社会不同阶层获取信息和使用通信技术的差距、不同政治团体对数字技术的使用差异等都客观存在。据此，数字鸿沟也可被分为全球数字鸿沟、社会数字鸿沟和民主数字鸿沟等。

从数字鸿沟的产生来看，社会经济财富、高等教育水平和基础设施建设等状况的差异都将引发不同国家间的数字鸿沟。而从国家内部的数字鸿沟影响因素来看，年龄、性别与教育因素普遍对数字鸿沟的影响较大。Niehaves、Plattfaut（2016）通过对综合调查数据的分析得出，与年龄相关的数字鸿沟使许多老年人无法借助互联网等工具充分利用信息技术来提高生活质量。随着人口老龄化趋势的加强，研究年龄因素对数字鸿沟的影响具有更加深刻的意义。在性别方面，Wasserman 和 Richmond-Abbott 通过对大量数据的分析得出，女性使用计算机设施的可能性相较于男性而言较低，这将在很大程度上引发数字鸿沟（Wasserman & Richmond-Abbott，2005）。就教育因素而言，Wilson 等的研究表明，教育水平同互联网使用情况相关，受过高等教育的群体可以随时借助信息技术手段了解各类信息，因此同接受教育较少者相比，他们往往是更不易于陷入数字鸿沟的人（Wilson et al.，2003）。因此，不论在信息技术的获取还是使用方面，数字鸿沟都客观并将长期存在。宏观上看，数字鸿沟随经济社会财富、基础设施、人际关系等因素而产生国别差异；微观上看，人口社会学变量，如性别、年龄要素等也将诱发数字鸿沟问题。且随着数字政府的不断发展，该趋势将随之加强，直接导致部分群体无法享有数字政府提供的公共服务。

2. 公民数字素养

当下，公民需求表现出多样性、多元性。然而，数字政府架构下，市民需求的多样性如何有效地被反映出来，这与公民主体学习、运用新型数字化技术的能力息息相关，这种能力被称为数字素养。Yoram Eshet-Alkalai 于 1994 年首次提出了数字素养的概念与内涵，并于 2004 年将其扩充至涵盖创新、社会情感等五方面素养的理论，该理论被看作数字学习的最主要模型（包雅君等，2020）。21 世纪初，美国发布了《21 世纪技能框架》，系统梳理了学习者面对信息社会化应具备的基本技能，数字素养被列入其中。当今社会，随着数字化水平不断提升，以移动互联网、大数据、云计算等新一代信息技术的发展和社会转型为标志的数字时代正在来临。要适应数字时代的变化，充分享受数字政府所提供的服务，需要公民切实提高数字素养。

当下，公民的数字素养对数字政府建设具有决定性作用，全民数字素养提升已成为实现数字化转型的基础性条件（蒋敏娟、翟云，2022）。因此，应着眼于数字素养的培育。综合来看，数字素养培育的主体主要为图书馆、高校、社会力量三大主体，表现为以上主体借助不同方式或手段助力公民数字素养的提升。一方面，图书馆借助其知识管理和服务功能，发挥着教育作用，推动专业化图书馆学知识与资料搜集技能平民化，从而提高普通公民的数字素养，同时，这适应和满足了人们对信息获取、能力提高、知识传播和终身教育的需求。从高校主体来讲，国外高等教育机构大多依托通识数字素养教育与具体学科数字素养教育两种模式广泛开展数字素养教育：前者主要面向全校学生，多以高校图书馆教学为主，校内其他部门协同开展；后者主要针对具体学科专业，将该专业需掌握的数字素养技能嵌入专业课程当中（张静、回雁雁，2016）。最后，数字素养的培育离不开社会力量的参与和支持。社会力量直接或间接参与着公民数字素养教育资源的建设活动，其借助在数字处理技术、虚拟现实技术等领域的专业性要素对公民数字素养培育起到支撑作用。因此，全社会范围内涵盖图书馆、高校、社会力量的多个主体均在广泛意义上发挥各自优势，在提高和培育公民数字素养方面做出了突出贡献，发挥了积极作用。

（三）政府与公民互动界面重构

1. 政务 App 的推广及使用

移动政务平台是政府利用新兴移动通信技术所构建的无线互联网络平台，具有跨部门性、跨层级性和整体性的特征，公众可以随时随地、方便迅速地在平台中获取政府提供的各类信息、服务（李重照、刘新萍，2014）。其中，公众借助特定渠道获取政务信息的过程可以被看作公民同政府互动的重要表现之一。当前，WAP 门户网站和 App 客户端是我国移动政务平台建设的两种主要技术，其中政务 App 因其便捷实用性和移动互联网普及率的提升则更受公民青睐。但公众如何知悉和获取各类政务 App，又如何有针对性地辨别并选择所需 App，都离不开政府对政务 App 的推广实践。

经实践检验，政务 App 能有效实现政府信息推广、简化电子政务办理流程，已然成为数字政府建设中的重要一环。当下，相关学者就政务 App 及其应用领域的研究成果多聚焦于对政务 App 的应用状况调研、主要影响因素探究和个案研究三个方面，很少关注政务 App 的推广过程。而政府如何对政务 App 进行推广、推广效果如何，才是各类政务 App 能否真正落地且发挥联通数字政府与公民、搭建中间桥梁作用的关键。

目前，大多数政务 App 的研发、推广和使用过程存在漏洞，陈则谦（2015）通过对中央部委与省级移动政务 App 的使用情况的分析发现，大部分政务 App 仅能通过政府网页浏览下载、二维码扫描下载以及应用市场关键词搜索下载三种方法完成下载，易获取性弱，存在着下载到盗版政务软件的可能。使用过程中，许多政务 App 的反应较慢、功能有限，更无法实现电子政务办理。综合以上不难看出，政务 App 在推广过程中存在较难知悉、宣传力度不大、获取存在风险等问题，在使用过程中也存在诸多问题，这些都将造成各类政务 App 即便花费了高额研发费用，但却仍然无法投入使用、实现功能发挥，导致了软件开发投入的浪费和公众电子政务服务享有的缺失。总体上讲，这不但违背了研发初衷，也阻碍了地方政府数字化水平的有效提升。

2. 数字政府"回应性"

政府与公民的互动过程表现为数字政府首先为公民诉求提供渠道和平台，公民选取相应渠道进行诉求表达，最后由数字政府进行回应的全过程。公民诉求表达渠道的拓宽得益于各类数字信息平台的建设，公民权利的实现途径进一步丰富，这有利于政府创新，优化保障公民权利实现的体制机制，公众也能更直观地监督政府活动，从而推动形成"政治权力－公民权利"格局下的良性互动。

基于此，李锋（2018）利用自动文本分析技术、机器学习和情感分析手段对全国性网络问政平台人民网的"领导留言板"进行了分析，发现公民对党政机关、不同层级政府的职责范畴、职权设定带有更多主观色彩，因此也更倾向于向党委表达诉求。但这些诉求的实现目前存在各类问题。李慧龙、于君博（2019）发现数字政府同公民互动在回应率的波动性、回应速度的随意性和维稳趋向等多方面存在"条件性解决"状况。李锋、孟天广（2016）基于身份认同与政治价值取向两个角度，对人民网"领导留言板"2008～2014 年的 21 万条发帖进行分析，归纳得出数字政府对公众的回应存在策略性政治互动现象，其对贤能话语的反馈最好，民主话语次之，无取向话语最差。以上研究都表明，政府回应的选择性和策略性现实存在，这将严重阻碍政府同公民互动的过程及结果，不利于数字政府对民意的采纳与治理能力的提升。

3. 公民满意度及其影响因素

数字技术赋予了公民更多的自主权，良好的数字技术体验成为公民对于数字政府建设多维评价中的重要一环，极大影响着数字政府建设的未来方向和下一步内容。因此，公民主体不仅仅是数字政府服务的使用者、体验者，也是价值的创造者和反馈的提供者，其满意程度与水平关系到数字政府服务的有效性，也决定了这一技术手段未来的改进方向和发展向度。

具体来看，公民作为数字政府服务的用户，对数字政府提供政务服务的满意程度主要受到人口变量、人格特征和经验态度三方面影响。从人口变量维度来看，徐和燕（2016）验证了不同年龄、收入、受教育程度、就业情况和社区类型的用户在对政务 App 采纳方面的差异。人格特征方面，郭俊华、朱多刚（2015）认为信任倾向是政府所无法改变的心理偏好，它可以通过用户对技术及政府的信任情况而对用户的移动政务使用意向产生间接影响。经验态度方面，赵玉攀、杨兰蓉（2015）发现，感知易用性、感知实效性和感知鼓励是对公众接受政务 App 行为产生影响的重要因素；王法硕、丁海恩（2019）对赵玉攀、杨兰蓉的研究进行了补充，对分析技术接受模型、信息系统成功模型与信息系统持续使用模型进行了问卷设计，发现除感知有用性与感知易用性外，用户满意度、系统质量、期望确认程度等因素对公众持续使用政务 App 的意愿也有显著影响。

基于此，个人特质在公民对于各类数字化政务服务评价的过程中起到主导作用，并对用户对各类政务 App 的满意度判断与采纳程度产生影响。但同时，也存在如系统使用流畅度等客观条件影响着用户对政务 App 的评价。这启示我们在政务 App 研发过程中，既应考虑到使用主体的感受维度，也要兼顾客观产品的质量状况，这样才能有效提升公民对政务 App 及数字政府建设的整体满意度。

五　未来展望

地方政府进行数字化转型需要经历一个漫长而有阵痛的变革过程，如何从政府界面、服务界面、政府与公民互动界面齐头并进助力数字政府建设的推进与重构，是学术界需要持续关注的重要议题。

（一）政府界面重构

信息化催生了政府数字化转型，数字政府建设也加快推动了政府机构改革走上统筹协同的道路。截至 2023 年，全国绝大多数的省、自治区、直辖市成立了专门性的数据和政务服务管理机构，统称大数据管理局。但现阶段，大数据管理局的功能和职权仍处在探索阶段，尚不清晰。但大数据管理局的成立是数字政府实现整体性治理的重要一环。借助这些机构，未来会有更多有关数字政府建设自上而下的规划、指引、设计相继问世，这将助力数据信息共享和资源整合利用，有效地解决"信息孤岛"问题，推动政府在整体性建设与数字化水平方面的双重提升。

虽然各地涌现出的政府部门数字治理创新行为值得鼓励，但这造成了数字政府碎片化的局面。因此，未来需在整体性治理视角下探究部门创新的新举措、新方式，以便广大市民能够享受到数字时代平台统一、方便快捷的一体化政务服务。

数字政府中的数据治理问题至关重要，对于如何提升数据治理水平与能力、有效规避数据安全隐患及个人信息泄露风险等问题的研究，也是未来数字政府建设应重点关注的内容。这不仅是对政府数据治理能力提升的迫切要求，也是对数字限权合理性的实践。数字时代无疑给人们带去了更多自由和便利，但同时增加了数字时代乱象产生的风险。因此，未来应当从对政府的数字限权出发，发掘有效促成数字限权的新方法、新业态，实现数字政府公共服务的有效供给和公民信息安全的依法保障，提升数字政府治理能力，重塑政府外部监督体系，从而推动政府界面的不断完善。

（二）服务界面重构

就数字政府服务界面重构而言，数字鸿沟问题依然突出。综合来看，年龄、性别与教育因素都是导致数字鸿沟产生的主要因素。政府应提高数字包容度，通过各项举措使低收入者、失业者、残障人士、老年人等信息弱势群体在能够及时获取各类信息资讯的同时，也能承担起相应的费用，做到充分借助 ICT 参与经济社会活动、保障自身权益。要为相对弱势群体提供同质化政务服务，以满足其日常需求，从而使其与多数人同等享有此类权益。

在新时代我国社会的主要矛盾背景下，人民日益增长的美好生活需要究竟怎样被如实反映，便涉及数字素养的相关问题。学术界不仅将数字素养的内涵界定为个人对于数字工具及设备的使用，也更加强调利用数字化资源进行开拓创新和问题解决的能力。因此，应提高公民信息资源提供水平和各类教育的质量，以促进公民数字素养的稳步提升。

数字素养的培育和提升也是国家数字化建设的着力点。现有研究证明了图书馆、高校及社会力量三大主体对于公民数字素养培育的突出作用，但对这一问题进行验证的实证论文却相对较少，相关研究可以立足于各类主体对数字素养提升的相关问题，探究三者如何助力公民数字素养的提升，哪一主体发挥着更重要的作用，是否还存在除以上三大主体外的主体潜移默化地塑造或改变公民的数字素养整体水平等问题，以此促进服务界面中公民表达与参与数字政府建设能力的提升与意识的增强。

（三）政府与公民互动界面重构

现有研究对当下政务 App 的推广过程及其所引发的问题进行了深刻反思，主要表现为各类政务 App 的获取性差、实用性差、所提供服务较为局限，阻碍了公民通过政府与公民互动界面对政府界面进行意见反馈。此外，少数政务 App 可能在数据安全保护方面表现较差，使得公民面临着个人信息保护有效性的严峻挑战。那么，未来更好地进行政务 App 的推广，让公民更加广泛地接纳与使用各类电子政务服务、积极同数字政府进行交互与链接，将依靠更积极主动有效的宣传和新途径、新方法的开辟。

在数字政府的回应性方面，当下数字政府建设过程中，政府更倾向于对公民诉求遵循选择性回应、策略性政治互动的原则，致使政府同公民互动过程与结果受到阻碍，民众参与政治生活的热情受到影响。因此，未来数字政府应当更广泛地同公民进行沟通互动、加大对公众的反馈及回应力度等，这是有效提升治理能力、实现治理水平现代化的必然要求。

参考文献

包雅君、刘永贵、刘瑞，2020，《数字素养概念与内涵辨析——兼与信息素养、媒介素养、技术素养的比较》，《软件导刊》第 6 期。

北京大学课题组，2020，《平台驱动的数字政府：能力、转型与现代化》，《电子政务》第 7 期。

陈则谦，2015，《中国移动政务 APP 客户端的典型问题分析》，《电子政务》第 3 期。

邓崧、巴松竹玛、李晓昀，2021，《府际关系视域下我国数字政府建设创新扩散路径——

基于"试验－认可－推广"模型的多案例研究》，《电子政务》第 11 期。

翟云，2018，《改革开放 40 年来中国电子政务发展的理论演化与实践探索：从业务上网到服务上网》，《电子政务》第 12 期。

郭俊华、朱多刚，2015，《基于信任的移动政务服务用户采纳模型与实证分析》，《软科学》第 12 期。

韩兆柱、马文娟，2016，《数字治理理论及其应用的探索》，《公共管理评论》第 1 期。

胡重明，2020，《"政府即平台"是可能的吗？——一个协同治理数字化实践的案例研究》，《治理研究》第 3 期。

黄璜，2018，《数字政府的概念结构：信息能力、数据流动与知识应用——兼论 DIKW 模型与 IDK 原则》，《学海》第 4 期。

蒋敏娟、翟云，2022，《数字化转型背景下的公民数字素养：框架、挑战与应对方略》，《电子政务》第 1 期。

蒋敏娟、黄璜，2020，《数字政府：概念界说、价值蕴含与治理框架——基于西方国家的文献与经验》，《当代世界与社会主义》第 3 期。

李锋，2018，《运用大数据提升国家治理现代化水平——以新时代人民对于美好生活需要的大数据分析为案例》，《电子政务》第 5 期。

李锋、孟天广，2016，《策略性政治互动：网民政治话语运用与政府回应模式》，《武汉大学学报》（人文科学版）第 5 期。

李锋、周舟，2021，《数据治理与平台型政府建设——大数据驱动的政府治理方式变革》，《南京大学学报》（哲学·人文科学·社会科学）第 4 期。

李慧龙、于君博，2019，《数字政府治理的回应性陷阱——基于东三省"地方领导留言板"的考察》，《电子政务》第 3 期。

李齐，2019，《数字时代的权力生产与政府责任》，《中国行政管理》第 11 期。

李文钊，2019，《理解中国城市治理：一个界面治理理论的视角》，《中国行政管理》第 9 期。

李文钊，2020，《界面理论范式：信息时代政府和治理变革的统一分析框架建构》，《行政论坛》第 3 期。

李重照、刘新萍，2014，《中国省级移动政务平台建设现状研究：从 WAP 到 APP》，《电子政务》第 11 期。

马亮，2012，《政府信息技术创新的扩散机理研究》，《公共行政评论》第 5 期。

孟庆国、林彤、乔元波、王理达，2020，《中国地方政府大数据管理机构建设与演变——基于第八次机构改革的对比分析》，《电子政务》第 10 期。

米加宁、彭康珺、章昌平，2020，《大数据能驱动地方政府机构改革吗？》，《电子政务》

第 1 期。

商晓帆，2008，《电子政务信息资源整合与信息孤岛》，《现代情报》第 6 期。

孙柏瑛、张继颖，2019，《解决问题驱动的基层政府治理改革逻辑——北京市"吹哨报到"机制观察》，《中国行政管理》第 4 期。

谈婕、高翔，2020，《数字限权：信息技术在纵向政府间治理中的作用机制研究——基于浙江省企业投资项目审批改革的研究》，《治理研究》第 6 期。

王法硕、丁海恩，2019，《移动政务公众持续使用意愿研究——以政务服务 APP 为例》，《电子政务》第 12 期。

王欢明，2021，《"一网通办"撬动城市治理现代化——评〈"一网通办"：新时代的城市治理创新〉》，《中国行政管理》第 7 期。

王伟玲，2019，《加快实施数字政府战略：现实困境与破解路径》，《电子政务》第 12 期。

徐和燕，2016，《基于 TAM 模型的政务 APP 公众使用意愿影响因素研究》，硕士学位论文，华中师范大学。

徐晓林、刘勇，2006，《数字治理对城市政府善治的影响研究》，《公共管理学报》第 1 期。

徐玉德、董木欣，2021，《数字政务建设整体性治理模式、架构分析与路径选择》，《财会月刊》第 6 期。

易龙飞、陶建钟，2020，《政府治理的技术依赖倾向及其风险管控》，《江海学刊》第 3 期。

张静、回雁雁，2016，《国外高校数字素养教育实践及其启示》，《图书情报工作》第 11 期。

张克，2019，《省级大数据局的机构设置与职能配置：基于新一轮机构改革的实证分析》，《电子政务》第 6 期。

赵玉攀、杨兰蓉，2015，《公众采纳政务 APP 影响因素及实证研究》，《情报杂志》第 7 期。

Brixiova, Z. , Li, W. & Yousef, T. 2009. "Skill Shortages and Labor Market Outcomes in Central Europe." *Economic Systems* 33（1）: 45 – 59.

Busch, P. A. & Henriksen, H. Z. 2018. "Digital Discretion: A Systematic Literature Review of ICT and Street-level Discretion." *Information Polity* 23（1）: 3 – 28.

Dunleavy P. , Margetts, H. , Bastow, S. , Tinkler, J. 2006. "New Public Management is Dead-Long Live Digital-Era Governance." *Journal of Public Administration Research and Theory*, 16（3）: 467 – 494.

Gil-García, J. R. , Dawes, S. S. & Pardo, T. A. 2018. "Digital Government and Public Management Research: Finding the Crossroads. " *Public Management Review* 20 （5）: 1 – 14.

Gil-García, J. R. & Pardo, T. A. 2005. "E-Government Success Factors: Mapping Practical Tools to Theoretical Foundations. " *Government Information Quarterly* 22 （2）: 187 – 216.

Klievink, B. & Janssen, M. 2009. "Realizing Joined-up Government—Dynamic Capabilities and Stage Models for Transformation. " *Government Information Quarterly* 26 （2）: 275 – 284.

Mergel, I. , Edelmann, N. & Haug, N. 2019. "Defining Digital Transformation: Results from Expert Interviews. " *Government Information Quarterly* 36 （4）: 101 – 385.

Niehaves B. & Plattfaut R. 2016. "Internet Adoption by the Elderly: Employing IS Technology Acceptance Theories for Understanding the Age-related Digital Divide. " *European Journal of Information Systems* 23 （6）: 708 – 726.

O'Reilly, T. 2011. "Government as a Platform. " *Innovations: Technology, Governance, Globalization* 6 （1）: 13 – 40.

Ostrom, V. 1980. "Artisanship and Artifact. " *Public Administration Review* 40 （4）: 309 – 317.

Shipan, C. R. & Volden, C. 2008. "The Mechanisms of Policy Diffusion. " *American Journal of Political Science* 52 （4）: 840 – 857.

Simon, H. A. 1996. *The Sciences of the Artificial.* MIT press.

Van Dijck, J. & Nieborg, D. & Poell, T. 2019. "Reframing Platform Power. " *Internet Policy Review* 8 （2）.

Wasserman, I. M. & Richmond-Abbott, M. 2005. "Gender and the Internet: Causes of Variation in Access, Level, and Scope of Use. " *Social Science Quarterly* 86 （1）: 252 – 270.

Wilson, K. R. , Wallin, J. S. & Reiser, C. 2003. "Social Stratification and the Digital Divide. " *Social Science Computer Review* 21 （2）: 133 – 143.

Yu, L. 2006. "Understanding Information Inequality: Making Sense of the Literature of the Information and Digital Divides. " *Journal of Librarianship and Information Science* 38 （4）: 229 – 252.

互联网使用与社会流动预期：影响机理及实证检验

孔文豪[*]

摘　要　良性的社会流动预期是社会稳定与进步的关键变量。以互联网技术为核心的社会数字化转型为重塑社会流动机制带来了重大变革。本文从主观层面的社会流动预期入手，结合 CGSS 2017数据，对互联网使用对社会流动预期的影响进行定量分析，结果显示：我国公众社会流动预期以"向上流动"与"平行流动"为主，但短距离社会流动成为主流。回归分析结果表明，互联网使用已成为提升公众社会流动预期的重要力量。这一正向效应主要通过增加人力资本与社会资本两个"技术赋能"机制来实现；而公平认知却"遮掩"了上述机制。传统社会阶层的影响在互联网使用与社会流动预期的影响机理中通过"两阶段"实现。在是否使用互联网层面，互联网的普及确实更多地助推了社会不平等的"再生产"。然而，一旦进入使用互联网的阶段，互联网对传统社会弱势阶层社会流动预期的正向效应就会更为显著。上述发现对实现更加人本的数字化转型具有若干启示。

关键词　互联网使用　社会流动预期　社会分层

一　引言

社会流动预期是个体根据自身的实际情况和客观的社会环境形成的，对未来阶层流动做出的主观预期，是对未来不确定的社会经济地位变化的主观设想（陈晓东、张卫东，2018）。自"中国梦"概念被提出之后，社会流动预期日益成为社会和学界关注的重要议题。个体社会流动预期不仅是

---

* 孔文豪，清华大学公共管理学院博士研究生，研究方向为数字治理、创新政策与政府决策。

对当前现实的主观反映，更是对美好未来的积极追寻，如财富积累、社会地位提高等，并期待通过自身努力加以实现（陈晓东，2018）。社会流动预期关系到人民对社会开放性与可渗透性的感知，是社会进步的心理动力和社会稳定的重要保障（Day & Fiske，2017）。对社会流动预期的分析，是把握转型期社会运行规律的切入口。

以互联网技术为核心的社会数字化转型是重塑社会流动现实与预期的重大变革，因为其重构了信息资源、人力资本、社会资本等在社会结构中的分布方式，也对人们的社会认知与判断产生深刻影响。互联网日益渗透社会的全部领域，催生了"数字化生存"（尼葛洛庞帝，2017：228），也促进了新的就业、生活与经济增长方式的出现（世界银行，2017：14），为使用互联网的群体获得社会机会、进行上升流动提供了更多渠道。但是，数字红利在不同人群间却并未同步实现；相反，由于不同社会群体在互联网使用上存在的差距，产生了"数字鸿沟"现象（邱泽奇等，2016），拉大了能够使用与不能使用互联网群体之间的阶层差距。

对互联网对社会流动的影响进行研究，可以从客观的社会流动现实入手，也可以从主观的社会流动预期出发。既有研究大多关注前者，指出互联网普及可能会加剧阶层固化现象（DiMaggio & Hargittai，2001；许庆红，2017）。然而，对于后者——主观的社会流动预期进行探讨无疑是重要的，甚至更有意义。客观的社会流动现实与主观的社会流动预期相互联系，又存在非同步性（Kraus & Tan，2015），后者反映了个体对社会的认可度和满意度，对个体态度和行为影响更大（Turner，1992：9；盛智明，2013）。正如Benabou 和 Ok（2001）提出的"向上社会流动预期假说"，如果人们预期未来社会地位上升，则能容忍更大程度的不平等现实。与客观社会流动现实相比，主观社会流动预期反映了人们对重要社会问题（如社会结构、社会平等）的看法，并可以为人们的社会行为与心理幸福提供有效预测（Wang，2017）。从社会风险理论来看，社会阶层固化本身并不可怕，具有更大风险的是个体对未来社会流动信心丧失，从而对现行的体制不满，造成社会不稳定（吴炜，2016；徐建斌、刘华，2013）。

如果在互联网时代，人们对社会流动的弹性感知仍然良好，并预期自身具备未来向上流动的空间，就能够以积极进取甚至不计牺牲的精神去推动社会进步；反之，如果互联网带来的阶层分化让人们感觉到上升空间很小，则会令人们以消极心态工作，产生社会抗争。因此，只有将数字化转型与未来的社会流动预期联系起来，才能克服社会阶层流动现实研究的局限，使人们更理性地看待互联网时代的社会流动与阶层固化问题。既然由于"数字鸿沟"的存在，互联网的普及会导致优势阶层与弱势阶层，那么互联网使用，是否也会带来人们社会流动预期的变化？如果前述问题的答案是否定的，则至少可以减少人们对互联网普及加剧阶层分化感知的担忧。而如果前述问题的答案是肯定的，那么则有必要追问，互联网对社会流动预期的效应与机制如何？与传统的社会分层之间的关系是再生产还是重构？对这些问题的回答与解决，对走向更加人本的数字化转型有重要意义。

二　理论构建与假设提出

当前关于社会流动预期影响因素的实证研究并不丰富，如吴炜（2016）根据 CLDS 的分析发现社会流动预期不仅与性别、年龄、父母资本等先赋性因素有关，还受政治身份、职业、户口等获致性因素影响。张跃等（2020）发现经济不平等可能通过不同心理过程，对社会流动预期产生提升或抑制作用。陈晓东、张卫东（2018）则研究了机会不平等对社会流动预期的影响效应，认为二者的关系与政府为实现社会公平而实施的政策密切相关。仅有的少数文献有助于我们见微知著地判断社会流动预期不仅取决于个人的禀赋与认知，更关系到社会环境及其变迁。

互联网普及作为当下社会正经历的重大变革，能够为社会流动预期提供更具时代性和前沿性的解释。研究指出，互联网作为一种组织现代社会生活的基本架构，在当代中国社会转型过程中重构了社会资源的分配和社会流动的方式（黄丽娜，2016）。自诞生以来，互联网通过拓展信息渠道、革新互动模式、重塑身份认同，改变了社会形态和重塑了社会结构（赵万里、谢榕，2020）。DiMaggion 和 Hargittai（2001）将互联网技术对于社会的影响分为两大类：一是对经济福利的影响，如教育机会、求职和劳动力市场表现、消费者福利；二是对社会参与的影响，包括政治参与、政府服务和公共产品的接受等。个体的"数字资本"能通过各种方式形塑个体的生活机会，如资本累积、公共参与及学业成就等（许庆红，2017）。由于互联网技术的普及并不是均质的，如互联网使用、数字技能、信息素养、知识获得等，都关乎个人或群体在许多领域内优势地位的获得机会（Robinson et al.，2015）。因此，在互联网接入和使用方面的明显差异可能引发社会和经济的不平等（Riddlesden & Singleton，2014），这种不平等不仅体现在当下的不平等现实，更对未来的社会产生深远的影响（Scheerder et al.，2017）。在信息技术普及的背景下，那些无力获取信息与通信技术的人将越来越难以融入日益依赖技术的经济与社会生活之中（经济合作与发展组织，2009：1），从而在社会流动当中面临日益举步维艰的境地。而包括与互联网相关的知识、技能、意识和技术在内的能力，都将成为一种资本，变为未来社会竞争中所具备的优势资源（罗亚斯、罗伊科胡，2005）。据此，本文提出假设1。

H1：与不使用互联网的群体相比，使用互联网的群体预期自身进行向上的社会流动的概率更大。

在总效应明确后，需要进一步明确互联网使用对社会流动预期影响的具体机制。通过相关文献梳理，本文提出信息渠道效应、人力资本效应、社会资本效应和公平认知效应四种机制。

（一）交互效应：信息渠道的影响

信息功能是互联网固有的强大属性。在互联网支持下，信息采集、传播的速度和规模达到空前的水平，使得人们在信息搜寻、传递、获取方面打破时空束缚变得更为便利，降低了交易费用（张卫东等，2021）。由于互联网迅捷的信息生产与扩散功能，甚至产生了"知识社会"的概念。已有研究表明，随着互联网社会的到来，信息正成为比物质和能源更重要的资源（冯仿娅，2007）。个体获取信息的渠道与自己的认知水平会影响个体的生活质量和社会资本积累，从而影响个体对自身境况的感知（张伟，2019）。拥有更多信息资源的"信息富裕者"比"信息贫困者"在阶层流动中处于更加有利的位置（Van Dijk，2005）。因而，本文认为互联网使用对于社会流动预期的正向影响作用，一部分是由互联网的信息渠道赋能产生的。

对这一猜想的验证可以遵循以下思路：即使在使用互联网的群体内部，对于信息的获取方式也存在巨大差异。例如，Prensky（2001）认为，生于互联网时代的"数字原住民"惯于通过网络信息技术迅速获得最新信息、处理多种任务；而生于前互联网时代的"数字移民"则经历了"一身两世"，往往把互联网作为获取信息资源的第二手段而非首选。综上所述，我们推断以互联网为主要信息渠道的群体，将获得更多的信息资源赋能，使社会流动预期的正向效应更加明显。据此，提出假设2。

H2：互联网使用通过信息渠道赋能，对人们的社会流动预期产生正向影响。

（二）间接效应：人力资本的影响

人力资本由凝聚在劳动者身上具有经济价值的知识、技术、能力等构成，是劳动者质量的反映（杨建芳等，2006）。随着信息技术对教育领域的渗透，有关互联网使用与人力资本转化的研究不断出现。在知识更多地通过互联网传递的时代，数字化水平的不同意味着受教育条件的不同，数字弱势群体在人力资本积累方面处于劣势（Kenski & Stroud，2006）。劳动者通过互联网可以自己搜寻海量相关知识进行学习，也可以获得大量技能课程的信息（张雪凯、杜阳，2020）。DiMaggio 和 Bonikowski（2008）使用了13 个月的人口数据验证了互联网用户更便于接触到就业信息、获得一些新潮的技能，从而在劳动力市场上更具竞争力。Judge 等（2006）发现家庭网络接入、互联网使用频率与熟练程度等对学生的学业成绩均有显著的积极影响。互联网普及产生的知识鸿沟可能会加剧社会分层现象（DiMaggio & Hargittai，2001）。那些通过互联网积累了大量人力资本的人，将在未来的社会竞争中具备更大优势，也有潜力在就业市场上获得更为可观的就业报酬和社会经济地位的较大提升。据此，提出假设3。

H3：互联网使用通过增加人力资本，对人们的社会流动预期产生正向影响。

（三）间接效应：社会资本的影响

社会资本是"个人拥有的社会结构资源"（Coleman，1988）。Qiu（2009）所进行的中下阶层的网络实践研究表明，互联网对中下阶层的求职、工作、商务等社会资本的积累与拓展具有重要意义。边燕杰、雷鸣（2017）认为人们通过社交软件、网络社区等形成的线上社会关系，可以转换为线下实际的社会关系并加以利用，这种方式在不同阶层之间呈现平等化趋势，对在原有社会资本积累方式上处于弱势的人而言更为有利。在网络时代，互联网交往将成为缓解社会支持可及性不平等问题的一个重要机制（Rains & Tsetsi，2017）。互联网的人际网络既可以维持已有的强关系，又可以开拓新的弱关系。缺乏网络接入和使用的个体，在获得和增加社会资本的机会方面受到数字鸿沟的阻碍（冯强、杨喆，2015）。通过互联网增加的社会资本，将为社会结构中的个人进行某种行动提供便利条件，从而使其获得更多社会机会和争取社会资源，对未来的社会流动产生正向影响。据此，提出假设4。

H4：互联网使用通过增加社会资本，对人们的社会流动预期产生正向影响。

（四）间接效应：公平认知的影响

人们的社会流动预期不仅受社会开放程度的影响，还受社会公平程度的影响（林惠玲、吴旭阳，2019）。例如，有研究认为，当下"佛系青年"现象所反映的，就是社会不公平现象下青年感知上升社会流动预期有限所采取的无为行动（卜建华等，2018）。互联网使用促使特定人群获得更多信息资源、人力资本与社会资本，使其成为信息时代的"富裕者"，同时，也通过信息的认知机制改变了他们"想象的世界"（孔文豪等，2021）。

从阶层意识的建构主义视角出发，可以将互联网理解为获取包括阶层结构在内的社会现实的认知来源（周葆华，2010）。涵化理论认为，接触媒介越多的群体，越倾向于相信媒介描绘的世界。与传统媒介相比，互联网媒介因其诞生的时间短和受众范围广等特点，存在管理困难的问题。特别是在自媒体时代，信息生产者为赚取流量、博人眼球刻意放大社会不平等现象，不同群体的资源分配、生活差异被凸显，由此，通过互联网获取信息越多的人，越可能感受到更强的社会不公平感（卢家银、段莉，2015）。互联网对于个人社会公平感的负面效应，可能会损害人们对社会开放性的信心和信念，使人们认为自身即使再怎么努力争取也无法获得应得的社会待遇与上升机会，从而挫伤人们的社会流动预期，产生"双刃剑"效果。

据此，提出假设 5。

H5：互联网使用会降低社会公平感，从而挫伤人们的社会流动预期。

（五）传统社会分层的影响

互联网对社会流动预期的重要影响，不仅体现在使用互联网造成的社会流动预期差异，也体现在使用互联网后，数字红利在不同社会阶层之间的差距。互联网作为一种新兴的技术力量，可能会通过产生优势阶层与弱势阶层，从而在使用者与不使用者之间造成社会流动预期的鸿沟。那么，值得思考的是，这种由互联网所带来的社会流动预期差距，与传统社会分层的关系是什么？

数字不平等与社会流动、社会分层显然是有关联的，一些共同的指标将二者相联系，特别是传统社会分层研究中的衡量指标，如教育、收入等，在数字不平等研究中也是重要变量（陈艳红，2005）。互联网和社会结构在相互影响中建构着彼此，而社会结构能够对数字红利的差异产生显著的交互作用（麻宝斌等，2020）。既有研究关于数字不平等与社会不平等的关系存在"再生产"与"重塑"的争论（赵万里、谢榕，2020）。本文认为，传统社会阶层在互联网对社会流动预期的影响效应中发挥的作用，不能够简单理解，而应分两阶段考察。

首先，在是否使用互联网层面，数字红利差异是传统社会分层的"再生产"。这是由于传统优势阶层有能力支付信息费用与知识费用，从而能够优先享受到信息社会的便利（金文朝、金钟吉，2018：153）。Mason 和 Hacker（2003）认为那些拥有社会经济资源、使用技术的个体，反过来也会塑造技术，这群人快速地组成一个网络，那些弱势群体则被隔离在新技术和网络之外。互联网是现有不平等的放大镜，在传统社会分层当中占据优势的群体，更有可能享受到互联网带来的数字红利（孔文豪等，2021）。据此提出假设 6。

H6：相较于传统社会弱势阶层，传统社会优势阶层使用互联网的概率更大。

然而，在使用互联网之后，互联网对于传统社会弱势阶层社会流动预期的赋能作用可能更为显著。仅仅强调"数字空间作为不平等的再造工厂"

似乎是有些偏颇的，另一个文献告诉我们，互联网可能对传统社会分层实现"重构"，至少是在感知层面。互联网自诞生起就蕴含着"自由、平等、民主"的内在价值倾向（卡斯特，2001：430~469）。在一些情况下，弱势人群反而能够通过互联网来获得传统社会中不具备的机会，重构社会不平等图式（赵万里、谢榕，2020），如降低社会网络的同质性，加强弱关系链接（Robinson et al，2015）；增加公共参与，扩大诉求话语权等（陈福平，2013）。原先的阶层壁垒被新的联系渠道打破，互联网为多元化的个人主义提供了新的可能，加速了传统阶层结构的消解（李春玲，2005）。李升（2006）指出，在谈到数字鸿沟的第一级沟壑，即是否能够接入网络时，收入确实是重要的影响变量。但在能够使用互联网之后，对技术及信息的获取就不再完全按传统经济地位来排序。在第一道沟壑之后，互联网的影响就出现"去阶层化"倾向。据此，提出假设7。

H7：在使用互联网之后，相较于传统社会优势阶层，互联网对传统社会弱势阶层的社会流动预期的正向影响效应更为显著。

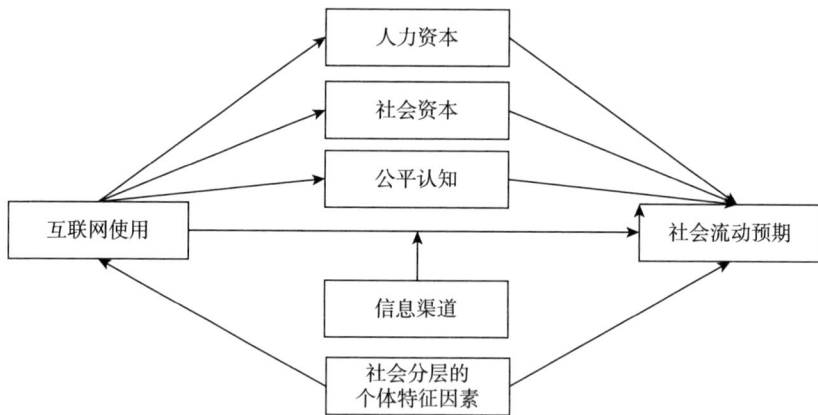

图1　理论框架

三　研究方法

（一）数据来源

本文研究数据来源于中国人民大学开展的 2017 年中国综合社会调查

（CGSS 2017）。该调查采用多阶分层概率抽样（PPS），对除港澳台之外的31 个省（自治区、直辖市）进行调查，获得 12582 个样本。其中记录了受访者的互联网使用情况、个人情况、家庭情况、社会观念等全方位的信息，为本文提供了数据支撑。

（二）变量测量

因变量是社会流动预期，采用 CGSS 2017 问卷中"综合看来，在目前这个社会上，您本人处于社会的哪一层"和"您认为您 10 年后将会在哪个等级上"来测量，两题选项均为 1 ~ 10 分，1 分代表最底层，10 分代表最顶层。本文采用受访者预期自己 10 年后的所处社会阶层与目前所处的社会阶层相减来进行社会流动预期的赋值。若相减结果为负数，说明受访者预期自己未来将经历"向下的社会流动"；若相减结果为零，说明受访者预期自己未来将经历"平行的社会流动"；若相减结果为正数，说明受访者预期自己未来将经历"向上的社会流动"。本文将"向下的社会流动"与"平行的社会流动"赋值为 0，将"向上的社会流动"赋值为 1。

核心自变量是互联网使用，涉及个人维度数字鸿沟的基础性层面。问卷题项为"过去一年，您对以下互联网（包括手机上网）的使用情况是"，选项包括：从不、很少、有时、经常和非常频繁。本文将回答"从不"的受访者的"互联网使用"赋值为 0；将回答"很少"、"有时"、"经常"和"非常频繁"的受访者的"互联网使用"赋值为 1。

调节变量是信息渠道，采用问卷中"在以下媒体中，哪个是您最主要的信息来源"来测量，本文将主要信息来源为"互联网"的受访者的"信息渠道"赋值为 1，其余赋值为 0。

中介变量包括"人力资本"、"社会资本"和"公平认知"。其中，①"人力资本"采用问卷中"在过去一年中，您是否经常在您的空闲时间学习充电"来测量，选项为"从不"、"很少"、"有时"、"经常"和"非常频繁"，赋值分别为 1 ~ 5 分。②"社会资本"采用问卷中"在过去一年中，您是否经常在您的空闲时间社交"来测量，选项为"从不"、"很少"、"有时"、"经常"和"非常频繁"，赋值分别为 1 ~ 5 分。③"公平认知"采用问卷中"如果有机会人们就会占您便宜，还是会尽量做到公平"来测量，选项为"总是想占便宜"、"大多数时候想占便宜"、"大多数时候尽量做到公平"和"总是尽量做到公平"，赋值分别为 1～4 分。

控制变量包括性别、年龄、年龄²/100、居住地类型、政治身份、收入、受教育年限和过往社会流动。其中前 7 个控制变量为传统研究中所指出的社会分层影响因素，而过往社会流动则旨在控制过往 10 年社会流动对未来 10 年社会流动预期的"延续效应"。此外，考虑到不同地区居民社会流动预期的差异，本文还纳入了省份固定效应。变量设计情况如表 1 所示。

表 1 变量设计情况

类型	变量	变量定义	M	SD
因变量	社会流动预期	向下的社会流动或平行的社会流动 = 0；向上的社会流动 = 1	0.539	0.498
核心自变量	互联网使用	使用互联网 = 1；未使用互联网 = 0	0.576	0.494
调节变量	信息渠道	以互联网为主要信息渠道 = 1；其余 = 0	0.411	0.492
中介变量	人力资本	1～5 分，分值越高代表人力资本水平越高	1.968	1.111
	社会资本	1～5 分，分值越高代表社会资本水平越高	2.723	1.057
	公平认知	1～4 分，分值越高代表公平认知水平越高	2.935	0.656
控制变量	性别	男性 = 0；女性 = 1	0.528	0.499
	年龄	受访者 2017 年实际年龄	51.01	16.86
	年龄²/100	受访者实际年龄平方值除以 100	28.86	17.43
	居住地类型	城市 = 0；农村 = 1	0.361	0.480
	政治身份	非党员 = 0；党员 = 1	0.112	0.315
	收入	个人年收入取对数值	9.944	1.333
	受教育年限	学历对应的受教育年限，中途辍学以折半算	8.701	5.020
	过往社会流动	向下的社会流动 = 1；平行的社会流动 = 2；向上的社会流动 = 3	2.409	0.681

（三）数据分析方法

本文采用 Stata 15.0 软件进行数据分析。对于社会流动预期的基本情况及组间差异，本文采用描述性统计方法进行研究。

对于互联网使用对社会流动预期的作用效应及机制，本文主要采用 logit

模型进行初步探讨。本文的因变量社会流动预期取值范围为 0 或 1 的二值整数，是二值离散变量而非连续变量，不宜采用 OLS 进行估计。logit 模型作为一种广义的线性回归模型，可以通过将因变量转化为发生率自然对数的形式，重新构造因变量和自变量间的线性关系，从而在分析二值离散变量方面更为准确。在研究互联网使用对社会流动预期的影响机制时，本文采用交互效应模型与中介效应模型，并使用 logit 与 OLS 相结合的方法进行估计。

与此同时，在检验互联网使用对社会流动预期的作用效应的稳健性，以及探究个体特征变量对互联网使用造成的影响时，本文还使用了倾向值加权法。基于倾向值的分析方法可以在考察自变量效果之前通过模型估计并控制个体受到自变量影响的概率，来排除组间协变量不平衡对因果关系的干扰。首先以干预变量为因变量，以混淆变量为自变量构建回归模型，估计倾向值得分 Pscore。借助 Pscore 的常用的分析方法包括倾向值匹配法和倾向值加权法。与倾向值匹配法相比，倾向值加权法可在不损失样本的情况下，以倾向值分数对后续回归模型进行加权处理，得到自变量和因变量之间更加干净的因果关系。

四 研究发现

（一）描述性统计

表 2 呈现了受访者当前主观社会阶层和 10 年后预期主观社会阶层情况的描述性统计结果。结果显示，在受访当年（2017 年），受访者主观社会阶层分布最多的是第 5 阶层，占样本总数的 31.11%；其次是第 4 层和第 3 层，分别占 17.35% 和 16.30%。总体而言受访者当前主观社会阶层呈现"中间多，两端少，下层略多于上层"的橄榄型分布情况。在 10 年之后，受访者预期自身的社会阶层会发生较大的变化，表现为第 5 层及以下群体占比均减少，第 6 层及以上群体占比均增加，尤其是中间偏上阶层占比明显增加，总体而言受访者预期自己会经历向上的社会流动。

表2 受访者当前主观社会阶层和预期主观社会阶层情况

单位：%，个百分点

社会阶层	当前主观社会阶层		10年后预期主观社会阶层		占比差
	频数	占比	频数	占比	
1	1118	8.96	755	6.33	-2.63
2	1158	9.28	826	6.92	-2.36
3	2034	16.30	1407	11.80	-4.50
4	2165	17.35	1531	12.84	-4.51
5	3882	31.11	2692	22.57	-8.54
6	1335	10.70	2122	17.79	7.09
7	485	3.89	1336	11.20	7.31
8	212	1.70	842	7.06	5.36
9	33	0.26	207	1.74	1.48
10	55	0.44	210	1.76	1.32

表3呈现了各阶层社会流动预期状况。处于不同主观社会阶层的受访者，其社会流动预期的差异情况反映了整个社会的状态与性质（吴炜，2016）。描述性统计结果显示，向上的社会流动和平行的社会流动是受访者社会流动预期的主流，公众对社会开放性的信心总体向好。当前的中间阶层更多地预期自身经历向上的社会流动，而当前的下层与上层群体则更多地预期自身经历平行的社会流动。总体来看，受访者向上的社会流动预期不大，呈现轻微的阶层固化倾向。当前社会阶层与社会流动预期呈现反向变动的趋势，即当前社会阶层越低的，总体越预期自己会经历向上的社会流动，体现出当前的社会流动仍然保持一定的弹性。

表3 各阶层社会流动预期状况

单位：%

当前社会阶层	向下的社会流动比例	平行的社会流动比例	向上的社会流动比例	社会流动预期均值
1	—	60.37	39.63	1.01
2	7.44	46.64	45.92	0.83
3	7.39	43.29	49.33	0.86
4	6.94	35.79	57.27	0.85

续表

当前社会阶层	向下的社会流动比例	平行的社会流动比例	向上的社会流动比例	社会流动预期均值
5	5.95	40.05	54.00	0.81
6	7.85	37.56	54.59	0.70
7	11.42	34.27	54.31	0.57
8	15.61	43.90	40.49	0.22
9	21.88	65.63	12.50	-0.59
10	16.33	83.67	-	-0.59

  本文根据"是否使用互联网"对样本进行分组，并对两组样本的社会流动预期进行描述性分析，结果如表4所示。结果显示，不论是使用互联网还是不使用互联网的受访者，预期自身经历平行的社会流动和向上的社会流动的占大多数，而预期自身经历向下的社会流动的占少数。但是相比于不使用互联网的受访者而言，使用互联网的受访者预期自身经历向上的社会流动的比例明显更大，而预期自身经历平行的社会流动的比例则明显更小，初步支持假设1。不过，这一差异是否由互联网使用带来的，仍有待进一步的定量分析。

表4　社会流动预期的组间差异

单位:%，个百分点

流动方向	社会流动预期	未使用组		使用组		占比差
		频数	占比	频数	占比	
向下的社会流动	-4 及以下	15	0.30	8	0.12	-0.18
	-3	19	0.38	20	0.29	-0.09
	-2	77	1.55	72	1.04	-0.51
	-1	309	6.22	272	3.91	-2.31
平行的社会流动	0	2566	51.67	2442	35.14	-16.53
向上的社会流动	1	1386	27.91	2057	29.60	1.69
	2	390	7.85	1214	17.47	9.62
	3	117	2.36	514	7.40	5.04
	4 及以上	87	1.75	351	5.05	3.30

（二）基准回归

互联网使用对社会流动预期的影响如何？本文使用 logit 模型进行分析。以社会流动预期为因变量（向上的社会流动赋值为 1，向下或平行的社会流动赋值为 0），互联网使用为核心自变量，并加入控制变量和省份固定效应，结果如表 5 所示。

模型 1 结果显示，在个体特征方面，年龄、年龄^2/100、居住地类型、政治身份和受教育年限对社会流动预期有显著影响。具体来说，随年龄增长，人们预期自身进行向上的社会流动的概率下降，但速率也在下降。且居住在农村、非党员和受教育年限短的受访者，其预期自身进行向上的社会流动的概率显著高于居住在城市、拥有党员身份和受教育年限长的受访者。直观来看这似乎有违常识，城市居民、党员和知识分子在社会分层中占据优势，我们往往判断其具有更大的向上的社会流动的潜力。但当将该结果与表 3 联系起来时，看似反常的结果就能得到解释：本处于传统社会弱势阶层的受访者，其预期自身进行向上的社会流动的概率更大。这说明我国社会结构尚具有较强的弹性。

过往社会流动对于社会流动预期确实有着非常显著的正向"延续效应"（$p < 0.01$），但即使控制了这一效应后，互联网使用对社会流动预期也具有显著的正向效应（$p < 0.05$）。即与不使用互联网的受访者相比，使用互联网的受访者预期自身进行向上的社会流动的概率更大。假设 1 初步得到验证。

表 5　基准回归

变量	模型 1 社会流动预期
互联网使用	0.152 ** （0.063）
过往社会流动	0.517 *** （0.035）
性别（男 = 0）	0.005 （0.045）

续表

变量	模型 1
	社会流动预期
年龄	− 0.118 ***
	(0.009)
年龄^2/100	0.074 ***
	(0.008)
居住地类型（城市 = 0）	0.140 **
	(0.060)
政治身份（非党员 = 0）	− 0.154 **
	(0.070)
收入	0.020
	(0.023)
受教育年限	− 0.017 ***
	(0.007)
省份固定效应	是
观测值	9885
Pseudo R^2	0.112

注：（1）$^*p < 0.1$，$^{**}p < 0.05$，$^{***}p < 0.01$；（2）括号内为稳健标准误。

（三）稳健性检验

接下来采用倾向值加权法对上述发现进行稳健性检验。本文将使用互联网的人群视为实验组，将未使用互联网的人群视为控制组。首先，以使用互联网为因变量，以性别、年龄、年龄^2/100、居住地类型、政治身份、收入、受教育年限、过往社会流动和省份固定效应为自变量构建回归模型，估计倾向值。然后，将倾向值作为权数，再进行社会流动预期对互联网使用的回归。

第一步，表 6 显示了协变量对互联网使用的回归的结果。①女性的互联网使用概率显著高于男性，与既有研究认为男性的互联网使用概率高于女性的"数字性别鸿沟"结果存在差异。②随着年龄增长，互联网使用的概率显著下降，但速率减缓。③农村受访者的互联网使用概率显著低于城市受访者。④非党员受访者的互联网使用概率显著低于党员受访者。⑤收入低的受访者的互联网使用概率显著低于收入高的受访者。⑥受教育年限短的受访者的互联网使用概率低于受教育年限长的受访者。假设 6 得到验证。

表6　互联网使用的影响因素分析

变量	模型2
	互联网使用
过往社会流动	-0.071
	(0.048)
性别（男=0）	0.197 ***
	(0.066)
年龄	-0.210 ***
	(0.021)
年龄²/100	0.080 ***
	(0.018)
居住地类型（城市=0）	-0.775 ***
	(0.083)
政治身份（非党员=0）	0.441 ***
	(0.103)
收入	0.423 ***
	(0.039)
受教育年限	0.215 ***
	(0.010)
省份固定效应	是
观测值	9885
Pseudo R^2	0.520

注：（1）$^*p<0.1$，$^{**}p<0.05$，$^{***}p<0.01$；（2）括号内为稳健标准误。

第二步，如表7所示，模型3以模型2计算出的"互联网使用倾向值"为权数，进行倾向值加权回归，更好地平衡了使用与不使用互联网两组间协变量的差异，使估计更准确。模型3显示，互联网使用对社会流动预期的回归系数显著为正（$p<0.01$），显著性水平甚至高于模型1的结果。这进一步说明互联网使用对社会流动预期的正向影响是稳健的。

表7　倾向值加权回归结果

变量	模型3
	社会流动预期
互联网使用	0.422 ***
	(0.115)

续表

变量	模型 3
	社会流动预期
控制变量	是
省份固定效应	是
观测值	9078
Pseudo R^2	0.143

注：（1）$^* p < 0.1$，$^{**} p < 0.05$，$^{***} p < 0.01$；（2）括号内为稳健标准误。

（四）机制分析

互联网使用对社会流动预期的影响遵循怎样的机制？本文在文献回顾后提出了信息渠道、人力资本、社会资本与公平认知 4 个维度的机制。对于信息渠道的影响，本文采用交互效应模型进行验证。表 8 在加入控制变量和省份固定效应的基础上，纳入了互联网使用、信息渠道及二者的交互项。结果显示，交互项系数显著为负（$p < 0.1$），这一结果推翻了我们的假设 2。我们猜想以互联网为主要信息渠道的受访者，由于能够更加充分地享受数字红利，因而拥有更高的社会流动预期——信息渠道起正向调节作用。然而，实证结果却表明信息渠道负向调节了互联网使用对社会流动预期的影响。我们认为，这可能受到了由互联网信息带来的认知机制改变的影响：以互联网为主要信息渠道的受访者可能会接收到更多社会不公平信息，从而对社会流动丧失信心。具体机制将在假设 5 的验证过程中表明。

表 8 交互效应分析

变量	模型 4
	社会流动预期
互联网使用 × 信息渠道	− 0.963 *
	(0.534)
互联网使用	0.152 **
	(0.069)
信息渠道	1.032 *
	(0.531)
控制变量	是

续表

变量	模型 4
	社会流动预期
省份固定效应	是
观测值	9721
Pseudo R^2	0.114

注：（1）$^*p<0.1$，$^{**}p<0.05$，$^{***}p<0.01$；（2）括号内为稳健标准误。

人力资本、社会资本和公平认知的影响通过中介效应分析进行验证。本文采用 Zhao 等（2010）提出的两步回归法（two-step regression）进行中介效应分析：步骤1，将自变量（X）与中介变量（M）进行回归，得出系数 a；步骤2，将自变量（X）和中介变量（M）共同与因变量（Y）进行回归，得出 X 的系数 c 及 M 的系数 b。若系数 a 和 b 均显著，则中介效应成立。如表9所示，模型5a~5c进行步骤1的检验，使用 OLS 模型进行估计；模型6a~6c进行步骤2的检验，使用 logit 模型进行估计。

模型5a和模型6a探讨人力资本的中介效应。模型5a显示互联网使用对人力资本的作用效应显著为正（$p<0.01$）。模型6a显示互联网使用对社会流动预期的作用效应显著为正（$p<0.05$）；人力资本对社会流动预期的作用效应显著为正（$p<0.05$）。这说明，人力资本在互联网使用和社会流动预期之间起部分中介作用。假设3得到验证。

模型5b和模型6b探讨社会资本的中介效应。模型5b显示互联网使用对社会资本的作用效应显著为正（$p<0.01$）。模型6b显示互联网使用对社会流动预期的作用效应显著为正（$p<0.05$）；社会资本对社会流动预期的作用效应显著为正（$p<0.05$）。这说明，社会资本在互联网使用和社会流动预期之间也起部分中介作用。假设4得到验证。

模型5c和模型6c探讨公平认知的中介效应。模型5c显示互联网使用对公平认知的作用效应显著为负（$p<0.1$）。模型6c显示互联网使用对社会流动预期的作用效应不显著（$p>0.1$）；而公平认知对社会流动预期的作用效应显著为正（$p<0.1$）。可见，公平认知间接效应的符号与互联网使用对社会流动预期的总效应符号相反。这说明，公平认知在互联网使用和社会流动预期之间起遮掩效应。假设5得到验证。

表 9 中介效应分析

变量	模型 5a	模型 5b	模型 5c	模型 6a	模型 6b	模型 6c
	人力资本	社会资本	公平认知	社会流动预期	社会流动预期	社会流动预期
互联网使用	0.350 *** (0.027)	0.129 *** (0.031)	−0.063 * (0.033)	0.132 ** (0.064)	0.145 ** (0.063)	0.005 (0.113)
人力资本				0.062 ** (0.025)		
社会资本					0.048 ** (0.021)	
公平认知						0.110 * (0.060)
控制变量	是	是	是	是	是	是
省份固定效应	是	是	是	是	是	是
观测值	9879	9885	3195	9879	9885	3195
R^2（Pseudo R^2）	0.342	0.042	0.047	0.112	0.112	0.122

注：（1）$^*p<0.1$，$^{**}p<0.05$，$^{***}p<0.01$；（2）括号内为稳健标准误。

（五）异质性分析

互联网使用给了谁向上的社会流动的希望？本文通过异质性分析来回答这一问题。本文的控制变量性别、年龄、居住地类型、政治身份、收入与受教育年限均为传统社会分层研究的影响因素，本文将它们作为分组依据，并逐一分析不同组别间互联网使用对社会流动预期的影响效应符号及显著性，以此探究互联网使用是让传统社会优势阶层更具向上的社会流动的希望，从而强化了阶层分化的感知，还是让传统社会弱势阶层有了更多向上的社会流动的希望，从而弱化了阶层分化的感知。

为节省篇幅，异质性分析结果如表 10 所示，其中呈现了不同组别间互联网使用对社会流动预期的回归系数，回归均已纳入控制变量和省份固定效应。结果显示，对中青年而言，使用互联网显著正向影响其社会流动预期。对老年人而言，使用互联网对其社会流动预期影响系数不显著。对传统社会分层中的弱势群体（女性、农村居民、非党员、低收入者、受教育年限短的人）而言，使用互联网显著正向影响其社会流动预期。对于传统社会分层中的优势群体（男性、城市居民、党员、高收入者、受教育年限长的人），使用互联网对其社会流动预期影响的系数不显著。假设 7 得到验证。

表 10　异质性分析结果

异质性类型	编号	分组	回归系数
性别异质性	（1）	女	0.243 ***
	（2）	男	0.051
年龄异质性	（3）	老年 （≥65 岁）	－ 0.026
	（4）	中青年 （＜65 岁）	0.185 **
居住地异质性	（5）	农村	0.303 ***
	（6）	城市	0.113
政治身份异质性	（7）	非党员	0.168 **
	（8）	党员	0.099
个人年收入异质性	（9）	60000 元及以下	0.190 ***
	（10）	60000 元以上	－ 0.003
受教育年限异质性	（11）	高中及以下	0.208 ***
	（12）	大专及以上	－ 0.453

注： $^* p < 0.1$ ， $^{**} p < 0.05$ ， $^{***} p < 0.01$ 。

（六）实证结果总结

综上，实证结果总结如表 11 所示。

表 11　实证结果总结

假设	内容	检验结果
H1	与不使用互联网的群体相比，使用互联网的群体预期自身进行向上的社会流动的概率更大	支持
H2	互联网使用通过信息渠道赋能，对人们的社会流动预期产生正向影响	拒绝
H3	互联网使用通过增加人力资本，对人们的社会流动预期产生正向影响	支持
H4	互联网使用通过增加社会资本，对人们的社会流动预期产生正向影响	支持
H5	互联网使用会降低社会公平感，从而挫伤人们的社会流动预期	支持
H6	相较于传统社会弱势阶层，传统社会优势阶层使用互联网的概率更大	支持
H7	在使用互联网之后，相较于传统社会优势阶层，互联网对传统社会弱势阶层的社会流动预期的正向影响效应更为显著	支持

五　讨论

（一）互联网使用有效提升社会流动预期，技术赋能是重要的影响机理

本文的回归结果表明，互联网使用已成为提升公众社会流动预期的重要力量。结合描述性统计结果可以发现，使用互联网的群体，更多预期自身将经历向上的社会流动；而不使用互联网的群体，则更多预期自身将经历平行的社会流动。虽然不论是互联网使用组还是未使用组，预期经历向下的社会流动的比例都在很小，但是在高速发展的数字社会中，不使用互联网的群体认为自身在经历 10 年的时间后，也将仍然停留在目前阶层。这无疑透露出他们在数字社会"停滞不前"与"掉队"的隐忧。这一发现鲜明体现了数字时代社会流动认知机制的新特征，也是数字鸿沟社会效应在公众社会意识上的体现。

互联网对于社会流动预期的正向效应，主要通过增加人力资本与社会资本两个正向中介机制来实现。人力资本与社会资本的中介效应，可以被理解为一种技术赋能的影响机理。技术赋能指的是公众借助外在的技术因素增强个人或组织的技能、知识、经验与意识，从而提升解决问题的能力（庞凯，2019）。而互联网通过增加人力资本、社会资本来实现个人社会流动预期的提升，这正是数字时代互联网对公众个人进行技术赋能的重要表现。一方面，互联网的资源共享与知识分享能力大大减少了知识的可及性壁垒，互联网以更低成本和更灵活方式向公众传递知识、技能，成为正规教育和职业培训的重要补充（潘明明等，2021）。疫情后在线课堂、视频会议的蓬勃发展，更加速了这样的趋势。只要拥有电脑与网络，并掌握一定的互联网技能，人们就可以突破以往获得教育的时空限制，选取自己感兴趣的信息、课程来进修，提升各类技能。另一方面，互联网也极大地打破了人际沟通的物理界限，促成了社会资本的维护与发展。尽管在互联网出现早期，不少学者认为互联网使用导致个人疏远社会生活，从而减少了社会资本（Kraut et al.，1998；Turkle，1996）。但随着在线社交的普及，互联网对社会资本积累的积极作用越来越成为不可否认的事实。作为一种通信工具，互联网不仅通过网络维系

着现有社会资本，更因其低成本和匿名性的特征，使得人际交往和社会团体参与可以摆脱地区和身份的限制，迅速形成社会网络，拓展社会资本（曾凡斌，2014）。由此，人们可以借助这些增加的社会资本获得更加丰富的物质或非物质财富，从而提高个人的社会经济地位。

（二）信息渠道的负向调节与公平认知的遮掩效应，反映出互联网使用的双刃剑作用

在信息认知机制层面，互联网对社会流动预期的影响则呈现全然不同的图景。实证结果表明，互联网对提升社会流动预期的影响并非完全正面。本文并未发现互联网通过信息渠道的赋能机制提升社会流动预期，与此相反，以互联网为主要信息渠道的互联网使用者，其社会流动预期反而显著更低。结合公平认知对互联网与社会流动预期关系的遮掩效应，本文认为这是由互联网传递出更多社会不公平信息，从而挫伤了公众的社会流动预期导致的。

在这一维度上，本文印证了既有研究关于互联网使用降低社会公平感的结论，进而证明了这一机制将打击人们对未来社会流动的信心。互联网对社会不公平事件的放大，会严重降低个体对"社会公平"的认同感。相较于不使用互联网的群体，使用或者更多借助互联网获取信息的群体，更可能较多地接受偏离主流的宣传信息，形成多方面比较，产生社会不公平感；复杂多样的网络信息亦会影响个人在网络领域对社会现象的判断（王文彬、吴海琳，2014）。使用互联网的群体可能更近距离地感受到社会不公平现象，触发个体的心理比较机制，产生相对剥夺感。一般而言，由于个人经验的局限性，个体对社会公平的感知受到互联网信息的影响非常明显。特别是，在"碎片化"和"快餐化"在线阅读的时代，个人容易有失考察地获得一知半解的结论，在不良自媒体和意见领袖的引导下轻易对社会公平乃至社会体制得出武断的判断。这种不公平感知和上行社会比较的机制联系在一起，容易形成个体不公平感，尤其是当个体进行上行社会比较的过程中，会认为参照群体有着更优渥的待遇，在联系自身时，个人对未来的社会流动就会失去信心。

因此，在弥合数字鸿沟的同时，政府应及时打击互联网媒体生态乱象，强化对互联网媒体行业的规范化管理，重塑健康媒体生态，减少为流量刻

意渲染社会不公与阶层固化的现象；同时，加强主流话语的濡化能力，政府可主动设置议题，引导社会舆论走向，促使人们通过对网络信息的接触对社会公平与阶层流动形成更全面的认知。

（三）传统社会分层的"两阶段"影响，呼吁更为包容的数字化转型

本文在主观阶层意识层面，对于数字不平等与社会不平等之间关系的"再生产论"和"重构论"有一定的补充作用。本文的实证结果验证了传统社会阶层的影响在互联网使用与社会流动预期的影响机理中通过"两阶段"得以实现。首先，在是否使用互联网层面，互联网的普及确实更多地助推了社会不平等的"再生产"，体现在由于物质条件与信息意识的领先，传统社会优势阶层有更大概率使用互联网，从而更早享受到数字社会的红利。然而，一旦进入使用互联网的阶段，互联网对传统社会弱势阶层社会流动预期的正向效应就会更为显著。这是因为互联网作为一种"去中心化"的力量，打破了原先的阶层资源壁垒，使得传统社会弱势阶层能够获得更多原先被精英垄断的资源，如信息、知识、社会网络等，从而加速阶层分化意识的消弭。这一结论在两个阶段对实现更为包容的数字化转型有启示意义。

其一，是在互联网普及层面的"数字包容"。近年来我国互联网普及迅速，据 CGSS 2017 调查，居民互联网使用率为 57.6%，与同年中国互联网络信息中心调查显示的 54.3% 基本一致（中国互联网络信息中心，2017），这一比例至 2020 年 12 月已达 70.4%（中国互联网络信息中心，2021）。尽管如此，仍有相当大的一部分群体未使用互联网。伴随着互联网普及进入中后期阶段，未步入互联网社会的群体将越来越集中在那些传统社会阶层中的弱势群体上。本文的实证结果显示，老龄、农村、非党员、低收入和受教育年限短的群体使用互联网的概率显著较低，难以搭上数字化的快车。而实现更为包容的数字化转型的其中一层含义便是让各种人群，无论年龄段、受教育水平及收入等，都能进入数字社会（徐芳、马丽，2020）。在未来，应当更加注重互联网普及的精准性，尤其注重偏远农村地区和边缘人群、弱势群体的互联网普及工作，根据不同地区经济水平、资源禀赋、人口结构特征，因地制宜地探索开放包容的数字化发展方式。

其二，是在互联网使用能力层面的"数字包容"。"数字包容"不仅指向帮助人们获得技术，更包括帮助人们养成使用技术的能力（闫慧等，2018）。伴随着更多人进入互联网社会，他们的社会流动预期将会得到较大提升，这固然能够为社会进步提供多样性与伸缩性；但是，当社会流动预期与社会流动现实不匹配甚至差距过大时，就会产生挫折感和相对剥夺感。这意味着，互联网使用对社会流动预期的正向效应要发挥其良性的社会效益，仅仅令公众能够接触到互联网是不够的，还应使其触网后能够具备与社会流动预期相匹配的能力。对传统社会弱势阶层而言，互联网使用能够给他们带来的向上的社会流动预期更为显著。为此，更应当加强对低收入者、受教育年限短的人、农村居民等弱势群体互联网使用能力的重视，提升其使用互联网深度功能的技能，促使他们形成有效将信息资本转化为现实资本的能力，使得他们借助互联网进行向上的社会流动的能力能够较好地匹配其向上的社会流动预期。为此，应当发挥政府和社会组织的力量，为公众提供互联网实用技能培训，使科技能够服务公众的发展诉求满足，为缩小互联网使用能力维度的数字鸿沟提供可能性。

六 结语

互联网成为重塑社会流动机制的革命性力量。本文并未从客观的社会流动现实层面进行这一讨论，而是放眼未来，在主观认知层面对公众的社会流动预期加以研究。

结合 CGSS 2017 数据的实证研究表明，互联网使用正向影响了公众的社会流动预期。即使在进行平衡组间协变量差异的倾向值加权回归后，影响效应依然稳健。可以预见，伴随着互联网普及工作的深入推进，人们对社会结构开放性的信心得到进一步增强。但这一结论也意味着，互联网使用将成为扩大公众之间社会流动预期差距的一道新的分水岭。为此，加强互联网普及的精准性、包容性刻不容缓。

然而，在弥合数字鸿沟过程中需要小心这样一种颇具"推销"色彩的观点，即只要满足互联网硬件接入的物质条件，数字鸿沟带来的社会问题就可迎刃而解。中介分析结果表明，在互联网使用对社会流动预期的正向影响效应中，两个技术赋能机理是重要的部分中介机制。换言之，互联网通过赋能那些"社会中有机会适应互联网并有可能通过使用互联网提升自身资本的人"，来提升他们的社会流动预期。故而，在接入互联网之后如何培养公众信息接收、信息处理和信息利用等软能力是更重要的挑战。这同时也提示，在公众触网后，要着重关注他们的互联网使用能力与社会流动预期相一致的问题。尤其是对传统社会阶层中的弱势群体而言，由于互联网使用对他们社会流动预期的提升作用更为显著，为此更应加强他们的互联网使用能力，使之现实能力与向上的社会流动预期相匹配。

当然，互联网使用对社会流动预期的影响并非完全正面。本文的实证结果也体现了互联网使用对社会流动预期的双刃剑作用。在信息认知层面，互联网使用通过降低个体的社会公平感，可能会挫伤公众对于自身向上的社会流动的信心。为此，应当加强数字时代对互联网媒体的话语治理，减少接触网络信息增强社会不公平感的机会，使信息接触带来更强的集体荣誉感，激发个体的上进心，善用互联网信息的力量打造和谐社会。

最后，本文尚存在以下研究局限。其一，本文对于数字不平等的探讨主要围绕"数字鸿沟"的基础维度展开，即是否使用互联网。然而，数字不平等内涵复杂，涉及互联网设备差异、技能差异、信息素养差异、知识结构差异等，本文未考虑在内。之后的研究可以考虑数字不平等的多重维度，从而对影响机理进行更为精准的捕捉。其二，互联网对社会流动预期的影响，可能随着数字化转型深入发展而深刻演变，本文使用截面数据进行研究，难以对历时性特征进行动态刻画。未来可以结合跨年调查数据，对二者关系进行更加深入的探讨。

参考文献

边燕杰、雷鸣，2017，《虚实之间：社会资本从虚拟空间到实体空间的转换》，《吉林大学社会科学学报》第 3 期。

卜建华、孟丽雯、张宗伟，2018，《"佛系青年"群像的社会心态诊断与支持》，《中国青年研究》第 11 期。

陈福平，2013，《跨越参与鸿沟：数字不平等下的在线政治参与》，《公共行政评论》第 4 期。

陈晓东，2018，《机会不平等的经济效应研究——基于社会资本的视角》，博士学位论文，华中科技大学。

陈晓东、张卫东，2018，《机会不平等与社会流动预期研究——基于 CGSS 数据的经验分析》，《财经研究》第 5 期。

陈艳红，2005，《数字鸿沟问题研究述评》，《情报杂志》第 2 期。

冯仿娅，2007，《数字时代的信息权利期待》，《图书馆论坛》第 6 期。

冯强、杨喆，2015，《数字沟在信息社会关系中的使用空间》，《学术研究》第 6 期。

黄丽娜，2016，《分层与重塑：青年的互联网使用与阶层认同——基于 CGSS 2013 数据的实证研究》，《中国青年研究》第 12 期。

金文朝、金钟吉，2018，《数字技术与新社会秩序的形成》，社会科学文献出版社。

经济合作与发展组织，2009，《学会跨越数字鸿沟》，教育科学出版社。

卡斯特，曼纽尔，2001，《网络社会的崛起》，夏铸九、王志弘等译，社会科学文献出版社。

孔文豪、吴佳宜、黄思颖，2021，《数字鸿沟与相对剥夺感：微观证据与影响机制》，《电子政务》第 1 期。

李春玲，2005，《断裂与碎片——当代中国社会阶层分化实证分析》，社会科学文献出版社。

李升，2006，《数字鸿沟：当代社会阶层分析的新视角》，《社会》第 6 期。

林惠玲、吴旭阳，2019，《青年公平感与决策之实验研究》，《青年研究》第 1 期。

卢家银、段莉，2015，《互联网对中国青年政治态度的影响研究》，《中国青年研究》第 3 期。

罗亚斯，维维纳、罗伊科胡，德巴斯米塔，2005，《超越机会：文化资本和数字鸿沟的根源》，载薛晓源、曹荣湘主编《全球化与文化资本》，社会科学文献出版社。

麻宝斌、李国梁、杜平，2020，《社会结构、代际差异与触网程度：数字红利的影响因素分析——基于七省市调查数据》，《吉林大学社会科学学报》第 4 期。

尼葛洛庞帝，2017，《数字化生存》，胡泳、范海燕译，电子工业出版社。

欧阳英，2005，《预期追寻与社会进步关系的当代分析》，《现代哲学》第 3 期。

潘明明、蔡书凯、周游，2021，《互联网使用促进农村妇女非农就业了吗——基于苏、皖、豫、鄂四省调研数据的实证研究》，《农业技术经济》第 8 期。

庞凯，2019，《技术赋能视角下"互联网＋政务服务"的整合机制研究》，硕士学位论文，广州大学。

邱泽奇、张樹沁、刘世定、许英康，2016，《从数字鸿沟到红利差异——互联网资本的视角》，《中国社会科学》第 10 期。

盛智明，2013，《社会流动与政治信任：基于 CGSS2006 数据的实证研究》，《社会》第 4 期。

世界银行，2017，《2016 年世界发展报告：数字红利》，清华大学出版社。

孙立平，2003，《断裂：20 世纪 90 年代以来的中国社会》，社会科学文献出版社。

王文彬、吴海琳，2014，《互联网使用及其对社会认同的影响——基于 CGSS2010 数据的实证分析》，《江海学刊》第 5 期。

吴炜，2016，《青年群体的社会流动预期研究》，《南通大学学报》（社会科学版）第 2 期。

徐芳、马丽，2020，《国外数字鸿沟研究综述》，《情报学报》第 11 期。

徐建斌、刘华，2013，《社会公平认知、流动性预期与居民再分配偏好——基于 CGSS 数据的实证研究》，《云南财经大学学报》第 2 期。

许庆红，2017，《数字不平等：社会阶层与互联网使用研究综述》，《高校图书馆工作》第 5 期。

闫慧、张鑫灿、殷宪斌，2018，《数字包容研究进展：内涵、影响因素与公共政策》，《图书与情报》第 3 期。

杨建芳、龚六堂、张庆华，2006，《人力资本形成及其对经济增长的影响——一个包含教育和健康投入的内生增长模型及其检验》，《管理世界》第 5 期。

曾凡斌，2014，《互联网使用方式与社会资本的关系研究——兼析互联网传播能力在其间的作用》，《湖南师范大学社会科学学报》第 4 期。

张卫东、卜偲琦、彭旭辉，2021，《互联网技能、信息优势与农民工非农就业》，《财经科学》第 1 期。

张伟，2019，《信息存量对个体生活幸福感的影响机制——基于 CGSS 混合截面数据的实证分析》，《哈尔滨工业大学学报》（社会科学版）第 4 期。

张雪凯、杜阳，2020，《互联网发展对劳动者人力资本提升和就业影响的分析》，《新经济》第 10 期。

张跃、郭永玉、丁毅，2020，《经济不平等对阶层流动感知的影响及其机制》，《心理科学》第 5 期。

赵万里、谢榕，2020，《数字不平等与社会分层：信息沟通技术的社会不平等效应探析》，《科学与社会》第 1 期。

郑杭生、邵占鹏，2014，《舆论焦点掩盖下的中国阶层流动现实》，《人民论坛》第 2 期。

中国互联网络信息中心（CNNIC），2017，《第 40 次中国互联网发展状况统计报告》，ht-tp://www.cnnic.net.cn/hlwfzyj/hlwxzbg/hlwtjbg/201708/P020170807351923262153.pdf。

中国互联网络信息中心（CNNIC），2021，《第 47 次中国互联网发展状况统计报告》，http：//www. cnnic. net. cn/hlwfzyj/hlwxzbg/hlwtjbg/202102/P020210203334633480104. pdf。

周葆华，2010，《新媒体使用与主观阶层认同：理论阐释与实证检验》，《新闻大学》第 2 期。

Benabou， R. & Ok， E. A. 2001. "Social Mobility and the Demand for Redistribution： The POUM Hypothesis. " *The Quarterly Journal of Economics*， 116 （2）： 447 – 487.

Coleman， J. 1988. "Social Capital in the Creation of Human Capital. " *American Journal of Sociology*， 94： S95 – S120.

Day， M. V. & Fiske， S. T. 2017. "Movin' on up? How Perceptions of Social Mobility Affect Our Willingness to Defend the System. " *Social Psychological and Personality Science*， 8 （3）： 267 – 274.

DiMaggio， P. & Bonikowski， B. 2008. "Make Money Surfing the Web? The Impact of Internet Use on the Earnings of U. S. Workers. " *American Sociological Review*， 73 （2）： 227 – 250.

DiMaggio， P. & Hargittai， E. 2001. "From the 'Digital Divide' to Digital Inequality： Studying Internet Use as Penetration Increases. " *Princeton University*， *School of Public and International Affairs*， *Center for Arts and Cultural Policy Studies. University Working Paper* 47.

Judge， S. ， Puckett， K. & Bell， S. M. 2006. "Closing the Digital Divide： Update from the Early Childhood Longitudinal Study. " *Journal of Educational Research*， 100 （1）： 52 – 60.

Kenski， K. & Stroud， N. J. 2006. "Connections Between Internet Use and Political Efficacy， Knowledge， and Participation. " *Journal of Broadcasting & Electronic Media*， 50 （2）： 173 – 193.

Kraus， M. W. & Tan， J. X. 2015. "Americans Overestimate Social Class Mobility. " *Journal of Experimental Social Psychology*， 58： 101 – 111.

Kraut， R. ， Patterson， M. ， Lundmark， V. ， Kiesler， S. ， Mukopadhyay， T. & Scherlis， W. 1998. "Internet Paradox： A Social Technology That Reduces Social Involvement and Psychological Wellbeing?" *American Psychologist*， 53 （9）： 1017 – 1031.

Mason， S. M. ， & Hacker， K. L. 2003. "Applying Communication Theory to Digital Divide Research. " *It & Society*， 1 （5）： 40 – 55.

Prensky M. 2001. "Digital Natives， Digital Immigrants Part 1. " *On the Horizon*， （05）： 1 – 6.

Qiu， J. L. 2009. *Working Class Network Society： Communication Technology and the Information Have-less in Urban China*. Cambridge， MA： MIT Press.

Rains， S. A. & Tsetsi， E. 2017. "Social Support and Digital Inequality： Does Internet Use Magnify or Mitigate Traditional Inequities in Support Availability?" *Communication Monographs*， 84 （1）： 54 – 74.

Riddlesden, D. & Singleton, A. D. 2014. "Broadband Speed Equity: A New Digital Divide?" *Applied Geography*, 52 (4): 25 –33.

Robinson, L., Cotten, S. R. & Ono, H. 2015. "Digital Inequalities and Why They Matter." *Information Communication and Society*, 18 (5): 569 –582.

Scheerder, A., Van Deursen, A. & Van Dijk, J. 2017. "Determinants of Internet Skills, Uses and Outcomes. A Systematic Review of the Second-and Third-Level Digital Divide." *Telematics and Informatics*, 34 (8): 1607 –1624.

Turkle, S. 1996. "Virtuality and Its Discontents: Searching for Community in Cyberspace." *The American Prospect*, 24 (24): 50 –57.

Turner, F. C. 1992. *Social Mobility and Political Attitudes: Comparative Perspectives*. New Brunswick: Transaction.

Van Dijk, J. A. G. M. 2005. *The Deepening Divide: Inequality in the Information Society*. Sage Publications.

Wang, C. P. 2017. "Perceived Positions along the Social Spectrum: The Subjective Social Status of Contemporary Chinese in a Coastal Metropolis." *American Journal of Cultural Sociology*, 5 (1 –2): 90 –126.

Zhao, X., Lynch, J. G. & Chen, Q. 2010. "Reconsidering Baron and Kenny: Myths and Truths about Mediation Analysis." *Journal of Consumer Research*, 37 (2): 197 –206.

政务微信、五年规划与政府绩效目标偏差：来自中国省级动态面板数据的证据

刘　焕*

摘　要　本文旨在分析政务微信对政府绩效目标偏差的影响，同时考察五年规划与政务微信的交互效应。基于中国31个省（自治区、直辖市）2005～2015年的动态面板数据，本文将政务微信的开通与否、开通周期、是否提供在线政务服务作为政务微信的替代变量，加入五年规划作为调节变量，运用系统广义矩估计法进行实证研究。本文发现：政务微信的开通对政府绩效目标偏差没有显著影响；政务微信的开通周期对政府绩效目标偏差有显著正向影响；政务微信提供在线政务服务对政府绩效目标偏差没有显著影响；五年规划与政务微信的交互效应对政府绩效目标偏差具有负向调节作用。从短期来看，政务微信的开通减小了政府绩效目标偏差，但从长远来看，政务微信还需建立规范的运营管理制度和运行效果评价机制，以实现持续减小政府绩效目标偏差的目标。

关键词　政务新媒体　政务微信　五年规划　目标偏差

一　研究问题的提出

继2013年"中国政务微信元年"之后，我国政务微信呈现井喷式扩散增长，中国政治体制下的政治舆论生态发生了巨大变化。习近平总书记在2016年4月的网络安全和信息化工作座谈会上强调了发展电子政务的重要性，提出采用信息化手段推进国家治理体系和治理能力现代化。2017年6

---

*　刘焕，博士，西安交通大学新闻与新媒体学院副教授，研究方向为政务新媒体与舆情治理、社交媒体与媒介管理。

月，国务院办公厅政府信息与政务公开办公室发布《关于进一步做好政务新媒体工作的通知》，充分肯定了政务新媒体在传播党和政府声音、开展政策解读、回应公众关切等方面的积极作用；同时，也明确指出当前政务新媒体存在"有平台无运营""有账号无监管""有发布无审核"等问题，给政府形象和公信力造成不良影响。如何将网络民意纳入制度建设的顶层设计、如何改变公民在传统政治舆论形态中的弱势格局，已然引起公共行政主体的重视。在此背景下，政府角色亟须转变以有效促进媒介融合（喻国明、潘佳宝，2016）。作为社会化的自媒体，政务微信能否激发地方政府的问题意识、能否减小政府绩效目标偏差，在很大程度上决定着政治舆论的走向、政府透明度和政府公信力。

政务微信是各级党政职能部门开通的、服务于该部门职责范围内相关行政事务开展的、经过腾讯微信公众账号申请主体合法性及相关权利资质审核的微信公众账号（徐琦、宋祺灵，2014），主要用于发布政务信息和提供便民服务。网络政治参与能够激发地方政府的问题意识、影响地方政府治理中的议程设置、增强对干部权力的监督（王子蕲，2017）。市场化改革进程要求政府除了提供公平竞争的市场环境和良好的社会环境外，还应及时有效地回应公众的需求（肖文涛，2006）。政务新媒体发展的日臻成熟对地方政府的治理能力提出了更高要求。政务新媒体包括"两微一端"，但三者之间存在较大差异，具体表现为以下几个方面。

政务微信和政务微博的功能定位不同。政务微博以发布信息、听取公众反映公共问题为主，如垃圾处理、道路交通、公共安全等；政务微信以提供个性化政务服务为主，如消息通知、政策解读、证照办理、社保信息、环境投诉等（王芳、张璐阳，2014）。与政务微博相比，政务微信对提升满意度的作用更为明显，政务微信不仅具有传播优势，而且能促进官民点对点沟通、提供公共服务、简化行政流程，因而能给公众带来更好的体验（贾哲敏、李文静，2017）。

政务微信和政务微博的回应方式不同。习惯于单向信息传播的政务微博常置网络舆情于不顾，对社交媒体互动场域存在适应性障碍，互动桥梁角色有名无实，政府与公众间的互动承诺演化为"表演型政治"（刘江，2019），错失了公众监督政府绩效目标完成情况的机会。原因在于，政务微博拥有庞大的粉丝群体，导致部分公众的重要留言、建议和反馈因被淹没而得不到及时回应。而政务微信建立在"朋友圈"的基础之上，具有沟通交流的安全性与可移动支付等特点，弥补了政府网站与政务微博的不足，解决了在线政务服务"最后一公里"的问题。尤为重要的是，部分政务微信中会有专门模块设置直接链接其政务微博和政府网站，促进了政府网站、政务微博与政务微信平台的资源和服务功能整合（张志安、徐晓蕾，2015）。

政务微信与政务 APP 的运营成本不同。经调查发现，政务 APP 开发和后期运营均需高额的费用，多数政务 APP 出现闪退、数据异常等问题，部分政务 APP 用户评分不足 3 分，有超过 40% 的省部级机构单位的政务 APP 存在链接失败、兼容性差等问题，导致其用户数量较少。① 而政务微信内置于微信中，应用方便快捷且运营成本较低。

电子政务是把"双刃剑"，利用好了有利于建设公民社会，如果利用不好，就会成为建设公民社会的障碍（Tu，2016）。在食品安全问题的争论中，政府和企业精英努力维护媒体霸权，而公民消费者和积极分子则反对媒体霸权行为（Yang，2014）。电子政务能够提升政府透明度、扩大信息流动范围、提高工作效率和促进公民的政治参与（Lollar，2006）。移动互联网的快速发展使得政府形象构建的外部环境、内容和手段发生了变化（黄河、翁之颢，2016），政务微信等网络媒体在议程设置中起到了决定性的作用（Wu et al.，2013）。有学者研究发现，新媒介的使用在一定程度削减了政府信任（卢春天、权小娟，2015）。

地方政府的形象构建和政府信任是通过"政绩"获取的，而《政府工作报告》是凸显地方政府绩效的重要载体。《政府工作报告》是政府对自己过去一年施政成绩的总结、盘点、评判和评估，可以理解为地方政府的"绩效自评估"，这不仅关乎自己的政治前途，而且关乎他人的政治前途，因此，地方政府官员很可能"会在一定程度上根据自己的某种需求和偏好来选择性地汇报政绩"，即出现了绩效目标偏差（朱光喜、金东日，2012）。中央政府和地方政府之间存在信息不对称，部分省级政府将有限资源优先用于能够凸显政绩的面子工程；在《政府工作报告》中报告绩效结果时，

---

① 朱慧容：《政务 APP 能办事？有政府人员居然说：谁告诉你的?!》，https://news. cctv. com/2018/02/10/ARTIZcILj50RXkgHrCCJnNQH180210. shtml.

有选择性地报告完成度较高的绩效目标，而忽略完成情况不好的绩效目标，如重点报告经济指标的完成情况，而忽略环境类指标，即政府绩效目标发生了偏差。有学者将政府绩效目标偏差界定为政府部门的最终目标偏离了最初目标、地方政府官员选择性报告绩效目标结果的一种组织现象（刘焕等，2016）。同时，政务微信为提高地方政府绩效设置了在线政务服务模块，如政策解读、证照办理、社保医保、环境投诉等。

上述研究状况表明，政务微信的运行绩效、电子政务和政府绩效目标偏差受到国内外诸多学者的关注。尽管目前政务微信还存在诸如服务深度欠缺、选择性报道等问题，但是政务微信的运营成本低和在线服务功能较便捷等特征，使得政务微信的应用前景较好，故本文选取政务微信作为研究对象。在研究主题方面，已有研究多是定性描述政务微信的发展现状和存在问题、政府绩效目标偏差的影响因素，尚未关注到政务微信对政府绩效目标偏差影响的系统认识。在研究方法方面，有少量研究运用截面数据分析政务微信采纳的影响因素（张辉，2015），但缺少基于动态面板数据的经验证据。

经上述理论和实践层面的系统分析发现，已有研究尚未回答政务微信究竟对政府绩效目标偏差有何影响这一问题。鉴于数据的可获得性，本文拟聚焦省级政务微信的开通与否、开通周期、是否提供在线政务服务等维度，同时考虑国家五年规划、省级政府领导的特征、经济社会等因素的影响，构建政务微信对政府绩效目标偏差影响的动态面板数据模型并进行实证检验，为地方政府提升政务微信的运行绩效和减小政府绩效目标偏差奠定理论基础、提供经验证据。

二　研究假设

国外学者多从制度和政策创新的视角研究电子政务扩散的影响因素（Tolbert et al.，2008），如组织因素、环境因素、政治因素、经济因素等会影响政府门户网站的采纳（Franzel，2008）；学习、政治垂范、竞争和公民压力等因素会影响政府创新的扩散和发展（Lee et al.，2011）；公民网络参与、数字鸿沟、低程度政府信任、领导支持等均会影响电子政务的扩散

（Zheng，2013）。创新扩散理论的前提是创新从内部因素（如经济发展状况）和外部因素（如媒体或技术进步）进入社区，然后通过人际交流进行传播；主要研究创新在社会发展中如何被理解和推动，并提醒人们在创新与传播的过程中，要注重通过说服进行人际交流（罗韵娟、王锐，2020）。这充分说明政务微信设置沟通互动功能的重要性。

美国公民对政府官网和社交媒体的使用体验提高了公民对政府的信任度（Hong，2013）。政府应用社交媒体（脸书、推特和视频网站等）主要是发布信息，但缺乏公民和政府之间的双向互动（Abdelsalam et al.，2013；Zheng & Zheng，2014），导致公民对政府的信任度不高。愿意参与"在线自由讨论"的公民对中国政府的信任程度更高（Xia，2016）。虽然政务微博能够改进公民对政府的认知，但公众信任和官员问责单独通过政府利用社交媒体难以充分实现（Lu et al.，2016）。地方政府官员面临复杂的多目标激励结构，基于相对绩效的判断反映的是他们对未来晋升的预期，目标偏差源于政绩考核和晋升的压力（刘焕等，2016）。

基于此，可以发现同级政府竞争、领导特征、组织资源与能力会影响政府创新的扩散，进而影响公众对政府的信任，最终会影响政府绩效目标的完成情况。由此推断，影响政务微信开通（扩散）的因素有：一方面，从晋升激励的视角出发，如某些省份开通了政务微信，不论政务微信开通以后运行的效果如何，其他省份为避免落后于已开通的省份，势必会跟随开通政务微信；另一方面，部分省级政府确实是为了提供更好的政务服务和提高公众对政府的信任程度，进而促进政府绩效目标更好完成而开通政务微信的。

（一）政务微信的开通与政府绩效目标偏差

政务微信基于"朋友圈"的信息传播方式，信息安全性更高，具有较大的信息扩散潜能。政务微信的应用将政府行为置于舆论监督之下，逐渐成为政府联系和服务群众的重要渠道，促进和推动了社会协同政府治理模式的创新（王树文，2016），增加了公众的网络政治参与行为。多元主体的协同治理和制度建设有利于实现政务微信的良性有序发展（毛斌等，2016），进而形成"政务微信—协同治理模式创新—公众网络政治参与—政务微信"的良性循环系统。在互联网背景下，政府治理模式的技术革新提高了政府透明度、增加了公众互动性，有利于地方政府及时纠正偏差行为和减小政府绩效目标偏差。基于此，本文提出如下研究假设：

H1：政务微信的开通与政府绩效目标偏差呈负相关，即政务微信的开通能够减小政府绩效目标偏差。

（二）政务微信的开通周期与政府绩效目标偏差

部分网民会利用政务新媒体的评论区域，通过反向解读信息而质疑公共权力，形成对抗性公共空间（尹连根、黄敏，2016）；问政不彻底使政务新媒体受到诸多质疑（刘锐、谢耘耕，2012；赵国洪、陈创前，2012）。政务微信运行过程中存在重开发、轻运营、互动意识薄弱（匡文波，2016）、推送时间不合理、监督相应欠缺（刘瑾，2016）等问题，导致部分政务微信的运行效果不尽如人意。政务微信开通伊始，省级政府领导和账号主体非常重视实时信息的推送，相关运营部门亦能及时回应公众需求和关切等。一方面，经统计发现，多数省份的政务微信未设置公众评论模块，限制了公众对某些事件的话语权。另一方面，随着开通时间的延长，账号主体和相关部门可能会疏于管理和运营，导致公众需求得不到及时回应；相关重大信息未及时推送和公开，使得政府行政行为得不到相应监督，进而出现偏差行为。基于此，本文提出如下研究假设：

H2：政务微信的开通周期与政府绩效目标偏差呈正相关，即政务微信的开通时间越长，政府绩效目标偏差越大。

经梳理各省级政府政务微信的政务服务功能设置模块，我们可以推断：政务微信的媒介融合功能能够减小政府绩效目标数据信息源的偏差。政务微信矩阵为省级政府绩效目标的完成奠定了重要基础，如上海发布、广东发布、河北发布、四川发布、微讯江苏等已打造覆盖面广、功能全的协同式微信矩阵，遇到重大突发事件时，能够快速协调统筹全省各级地方政府和相关部门政务信息的发布，避免网络舆情发生偏差。另外，微信矩阵能够保持各地方政府和相关部门间的政府绩效目标数据信息的统计口径一致，能够减小政府绩效目标数据信息源的偏差。

政务微信的经济功能能够减小经济类政府绩效目标的偏差，其中网上办事大厅模块的设置充分体现了政务微信与政府绩效目标偏差之间的密切关系。政务微信中网上办事大厅模块（有些省份也称"微办事"、"政务大厅"或"政务微信大厅"等）设置的工商登记、证照办理等在线政务服务功能，能够提高企业的办事效率和降低办事成本，为招商引资创造良好环境，进而促进经济类绩效目标的完成。

政务微信的社会治理功能能够减小民生类政府绩效目标的偏差，通过权威政策解读、社会热点议题的及时发声和对主流价值观的宣传等，实现正面舆论引导和弘扬正确价值观的功能；通过与公众的互动沟通和高效回应，塑造服务型政府的形象，提高公众对政府的满意度。网上办事大厅中设置的就业、社保、医疗等功能，可以为就业人群提供便利，能够降低政府绩效目标中的城镇登记失业率，有利于社会和谐稳定。

政务微信的监督功能能够减小环境类政府绩效目标的偏差，其中的政务公开模块直接链接省级政府官网，提高了政府透明度，确保公众及时知晓各类政府绩效目标的完成情况，动态监督政府绩效目标的完成过程。政务微信中的环境突出问题举报模块的设置（张志安、徐晓蕾，2015），对环境污染起到监督作用，能够降低政府绩效目标中废气排放类等指标。基于此，本文提出如下研究假设：

H3：政务微信提供在线政务服务与政府绩效目标偏差呈负相关，即政务微信提供了在线政务服务的，政府绩效目标偏差偏小。

（三）五年规划的调节作用

中央和各级地方政府都非常重视五年规划的完成情况，这从各省份在五年规划的开局之年和收官之年的《政府工作报告》中可见一斑。政务微信的开通时间节点、开通周期与五年规划开局之年和收官之年交叉重合，会对地方政府官员的职业生涯和施政行为产生重要影响，进而会影响政府绩效目标的完成情况。一方面，开通政务微信的省份，在五年规划的开局和收官之年会更加重视对信息的及时公开和公众关切的及时回应等，这在一定程度上能够减小政府绩效目标偏差。另一方面，虽然政务微信的开通周期会越来越长，但是五年规划的开局和收官之年是凸显地方政府领导政绩的关键之年，故各省份在五年规划的开局之年和收官之年也会更加关注规划期内绩效目标任务的完成情况，并将完成情况通过政务微信等渠道公开，同时也会更加重视政务微信的运营管理和公众关切等问题，这在一定程度上能够减小政府绩效目标偏差。基于此，本文提出如下研究假设：

H4：五年规划对政务微信的开通与政府绩效目标偏差之间的关系具有负向调节作用。

H5：五年规划对政务微信的开通周期与政府绩效目标偏差之间的关系具有负向调节作用。

三　研究设计

（一）样本选择与数据来源

本文选取中国 31 个省级政府的政务微信及省长（包括直辖市市长或自治区主席，后文统称省长）为研究对象，因省级政府是第一地方政府，拥有相对独立的政策制定权和经济管理权，制度环境较为接近，其政务微信的开通及运行状况对其下辖的地方政府具有非常重要的影响。基于各省份政务微信的最早开通时间，同时考虑数据的可获得性、可验证性及分析结果的稳定性，本文选取 31 个省（自治区、直辖市）2005～2015 年的动态面板数据开展实证研究。

（二）模型构建与变量测量

考虑到该省份上一年度的政府绩效目标完成情况会影响当年度的政府绩效目标完成情况（绩效目标偏差的状况），本文将因变量滞后一年的变量作为自变量纳入分析模型。基于以上理论假设，构建如下动态面板数据模型：

$$DIS_{i,t} = \alpha DIS_{i,t-1} + \beta_1 Adoption_{i,t} + \beta_2 Time_{i,t} + \beta_3 Service_{i,t} + \beta_4 Central_{i,t} + \beta_5 Local_{i,t} +$$
$$\beta_6 Lateral_{i,t} + \beta_7 Tenure_{i,t} + \beta_8 Election_{i,t} + \beta_9 Age_{i,t} + \beta_{10} Education_{i,t} + \beta_{11} perGDP_{i,t} +$$
$$\beta_{12} Population_{i,t} + \beta_{13} Plan_{i,t} + \varepsilon_{i,t} \tag{1}$$

$DIS_{i,t}$ 表示 i 省份当年度的政府绩效目标偏差水平，$DIS_{i,t-1}$ 表示 i 省份上一年度的政府绩效目标偏差水平；$Adoption_{i,t}$ 表示 i 省份是否开通政务微信；

$Time_{i,t}$表示 i 省份开通政务微信的时间（开通周期）；$Service_{i,t}$表示 i 省份政务微信是否提供在线政务服务；其余变量为控制变量，本文不做重点讨论，变量定义与数据来源见表1。

表 1　变量定义与数据来源

变量	变量代码	变量定义		数据来源
因变量				《政府工作报告》、《国民经济和社会发展五年规划纲要》、《国民经济和社会发展统计公报》、《中国统计年鉴》和《中国财政年鉴》
目标偏差	DIS	Dis3：预期目标的未完成程度		
		Dis2：不报告绩效目标的完成情况		
		Dis1：绩效目标报告结果的模糊程度		
自变量				
政务微信				
开通与否	Adoption	该省份是否开通政务微信		微信公众号
开通时间	Time	该省份开通政务微信的时间（月数）		微信公众号
政务服务	Service	是否提供在线政务服务		微信公众号
控制变量				
官员任期	Tenure	任省长职位的时间		新华网
官员来源		以外地晋升为参照组，设置三组虚拟变量		新华网
中央调任	Central	主要来源于中央部委		笔者搜索、领导简历
本地晋升	Local	从副省长或党委副书记升任		笔者搜索、领导简历
外省平调	Lateral	以其他省份省长的身份调入		笔者搜索、领导简历
中途换届	Election	是否有省长任免		笔者搜索、领导简历
领导特征				
年龄	Age	领导年龄		新华网人物库
学历	Education	大学专科或本科、硕士、博士		新华网人物库
经济状况	perGDP	人均 GDP		《中国统计年鉴》
人口数量	Population	总人口数量		《中国统计年鉴》
五年规划	Plan			
开局之年	Year2006/2011	以五年规划的第一年，设置虚拟变量		
收官之年	Year2005/2010/2015	以五年规划的最后一年，设置虚拟变量		《中国统计年鉴》

1. 因变量

说谎或隐瞒是目标偏差的主要形式，考核主体和考核对象之间存在信息不对称，考核对象会选择报告最能够凸显其绩效的数据结果，或选择不报告没有完成的绩效目标（Bohte & Meier, 2000）。在目标责任制下，结果导向型的绩效目标设置与高强度激励机制的结合，使地方政府官员产生了恶性的博弈行为，造成绩效报告结果与实际绩效改进之间存在差异，如选择性报告绩效目标结果的数据等（Gao, 2015）。在现代绩效管理制度中，故意操纵报告绩效目标结果的数据因多以定性的方式呈现而较少引起注意（Hood, 2006）。

通过分析各省份2005~2015年《政府工作报告》的内容可以发现，各省份均会在年初制定相应的定量预期目标，并会在下一年度的《政府工作报告》中，以不同方式报告上一年度相应的定量预期目标的完成情况。因此，本文聚焦各省份《政府工作报告》中的定量绩效目标：GDP增长率（经济类）、地方财政收入增长率（经济类）、城镇居民可支配收入（民生类）、农民人均纯收入（民生类）、居民消费价格指数（民生类）、GDP能耗（环境类）、二氧化硫等废气排放量（环境类）。通过对比分析各省份相邻两年的《政府工作报告》中的定量目标的设置情况、完成情况和报告方式，判断和估算各省份政府绩效目标的偏差状况。

经比较分析《政府工作报告》发现，部分绩效目标的完成情况无法确认，如"定性或模糊性报告的绩效目标"和"没有报告的绩效目标"。对无法确定其完成情况的绩效目标，我们进一步通过各省份每年的《国民经济和社会发展五年规划纲要》、《国民经济和社会发展统计公报》和《中国统计年鉴》等权威档案数据，针对没有报告或模糊性报告的绩效目标的完成情况进行多重确认。结合目标偏差的定义和中国实际，对比分析各省份相邻两年的《政府工作报告》，借鉴已有学者的测量方法（杨君，2011），从以下方面衡量政府绩效目标偏差：①完成了年初制定的预期目标，视为没有出现目标偏差，偏差值赋为"0"；②模糊（如用"基本完成"等字样）报告绩效目标的完成情况（Dis1），偏差值赋为"1"；③不报告年初制定的预期目标的完成情况（Dis2），偏差值赋为"2"；④未完成年初制定的预期目标（Dis3），视为偏差程度最大，赋值为"3"。基于此，政府绩效目标偏差程度（DIS）的计算公式表示如下：

$$DIS_{it} = \sum_{i=1}^{n} \{Dis1_{it} + Dis2_{it} \times 2 + Dis3_{it} \times 3\} \quad (i = 1 \cdots 31, t = 2005 \cdots 2015) \qquad (2)$$

2. 自变量和调节变量

（1）政务微信

经收集分析信息发现，多数省份政务微信的开通时间集中在 2014 年。考虑到研究结果的稳定性，本文将纵贯数据周期推前至 2005 年（"十五"计划的收官之年），可以形成开通和未开通政务微信的条件下政府绩效目标偏差状况的动态变化。在改革和创新的实证研究中，对其测量较常采用的测量方法是二分变量测量，如效能建设（组合式创新）的采纳（吴建南等，2015）等。

①政务微信的开通状况。政务微信是一项政府技术创新活动，其开通状况可以借鉴二分变量的测量方法，"政务微信的开通状况"采用"0"和"1"二分变量来测量，即该省开通了政务微信，赋值为"1"；如果截至数据收集时间尚未开通政务微信，则赋值为"0"。

②政务微信的开通周期。创新扩散的过程呈现"S-曲线"，创新活动的效果随着时间的演进会发生变化，由此推断各省份政务微信对政府绩效目标偏差的影响随着开通周期变长也会发生变化。考虑到多数省份政务微信开通的时间较短，本文采用开通政务微信的月数来测量政务微信开通的周期。

③政务微信提供在线政务服务情况。通过分析各省份政务微信公众号的功能模块发现，部分政务微信设置了在线"政务大厅""微办事""政务微信大厅"等模块以提供各类在线政务服务。如果提供在线政务服务，则赋值为"1"；如果没有提供在线政务服务，则赋值为"0"。

（2）五年规划

《国民经济和社会发展五年规划纲要》简称为"五年规划"，梳理各省份 2005～2015 年《政府工作报告》发现，在五年规划的开局之年和收官之年，各省份在报告政府绩效目标完成情况时更倾向于报告"五年规划"的完成情况，而对上一年度的绩效目标完成情况多采用定性语句，这会影响政府绩效目标偏差的水平。五年规划的开局之年和收官之年均赋值为"1"，其他年份赋值为"0"。

3. 控制变量

官员的个人特征和职业背景、各省份的资源禀赋状况、国家规划等均会对政府绩效目标偏差产生影响，故对其加以控制，以剔除其他解释变量对政府绩效目标偏差的影响。

①官员来源。官员来源主要有中央调任、本地晋升、外省平调。本地晋升的官员对本地情况比较了解，会设置比外省平调的官员更高的预期目标水平（马亮，2013）；与本地晋升的官员相比，省长的异地交流能够使流入地的经济增长速度提高 1 个百分点左右（徐现祥等，2007）；中央调任的官员面临的晋升压力要低于本地晋升和外省平调的官员（李维安、钱先航，2012）。由此可见，官员来源会对政府绩效目标偏差产生影响。官员来源的测量，以外地晋升为参照组，设置三组虚拟变量，采用二分变量的方法进行赋值编码。

②官员任期。相对年轻的官员更可能设置较高的增长目标，任期和目标增长率之间存在倒 U 形关系；在接近离职时达到最高值，因为在官员任期末尾，自己没有在未来要"兑现"预期目标承诺的压力，即提出过高预期目标设置水平时面临的压力和约束较少（周黎安等，2015），但这给下任官员造成了很大压力，导致政府绩效目标偏差现象的发生。

③学历、年龄。省长的学历越高，一般越会设置相对科学合理的预期目标水平，这样会降低政府绩效目标偏差的程度。省长的学历采用 1~3 的定序变量测量，大学专科或本科赋值为"1"，硕士赋值为"2"，博士赋值为"3"。在省长的政治职业生涯中，年龄对其职业生涯影响很大，年轻的省长往往会通过优秀的政绩表现（减小政府绩效目标偏差）为其未来的职业生涯积累政治资本，而年龄相对较大的省长对其未来晋升的预期较低，通常会"求稳"以保住现有的政治地位（Liang & Langbein，2015）。

④中途换届。省长的换届选举通常是在全国人民代表大会第一次全体会议上宣布，因此省长在换届选举年对其职业生涯的晋升预期和执政行为有着非常重要的影响（Liang & Langbein，2015），进而会对当年的政府绩效目标偏差产生影响。中途换届通过设置虚拟变量来测量，有中途换届赋值为"1"，无中途换届赋值为"0"。

⑤经济状况、人口数量。经济发展水平较高地区的地方政府官员对未来赢得晋升的预期相对较高，这会增加官员的施政努力程度，进而降低预期绩效目标出现偏差的概率。人口数量越多，越会在一定程度上增加地方

政府的治理难度，导致政府绩效目标产生偏差。因此，本文用人均 GDP 作为经济发展水平的替代变量，用人口数量作为人口规模的替代变量进行实证分析。

四 研究结果分析

（一）描述性分析

在样本周期内，根据表 2 分析结果可知，各省份政府绩效目标偏差呈现较大的波动性，最小值和最大值之间差异较大，该差异有待通过实证检验加以解释。在样本周期内，各省份基本上均开通了政务微信，但是各省份政务微信的开通周期差异较大。

表 2 描述性分析结果

变量	观测点	均值	标准差	最小值	最大值
目标偏差	341	4.457	3.252	0	18
开通与否	341	0.100	0.300	0	1
开通时间	341	1.150	4.231	0	32
政务服务	341	0.050	0.218	0	1
官员任期	341	3.191	1.902	1	10
中央调任	341	0.126	0.332	0	1
本地晋升	341	0.713	0.453	0	1
外省平调	341	0.062	0.241	0	1
中途换届	341	0.217	0.413	0	1
年龄	341	4.059	0.070	3.807	4.175
学历	341	1.827	0.611	1	3
经济状况	341	10.262	0.619	8.541	11.590

注：年龄和经济状况取对数。

（二）单位根检验

由于模型 1 中有因变量的滞后项作为解释变量会产生模型的内生性问

题，为避免此问题，本文采用动态面板数据系统广义矩估计（Sys-GMM）法对模型进行估计。针对动态面板数据模型，估计的前提条件是各变量必须平稳，否则可能会出现"伪回归"，所以需要对各变量进行单位根检验。本文分别采用 LLC 检验、IPS 检验和 ADF-Fisher 检验三种方法对主要变量进行单位根检验（见表3），结果表明主要变量均不存在单位根，是平稳序列，可以进行动态面板数据分析。

表3　单位根检验结果

变量	LLC 检验		IPS 检验		ADF-Fisher 检验	
	Adjusted t*	p 值	w [t-bar]	p 值	卡方值	p 值
目标偏差	-12.127***	0.000	-9.185***	0.000	161.090***	0.000
开通与否	29.156	1.000	-70.704***	0.000	2.864	1.000
开通时间	49.819	1.000	-109.964***	0.000	72.191	0.176
政务服务	——	——	-9.122***	0.000	1.313	1.000
官员任期	-11.065***	0.000	-7.756***	0.000	129.936***	0.000
年龄	-17.769***	0.000	-7.456***	0.000	274.452***	0.000
学历	-22.945***	0.000	-6.374***	0.000	56.546	0.672
中途换届	-14.080***	0.000	-11.706***	0.000	144.447***	0.000
经济状况	-1.662*	0.048	0.996	0.840	32.126	0.999
人口数量	-4.990***	0.000	-6.215***	0.000	24.728	1.000

注：*、*** 分别表示在10%、1%水平上显著。

（三）基准参数估计

因在模型中加入了若干控制变量，经检验结果平均方差膨胀因子 VIF 值为1.91，不存在多重共线性问题。系统广义矩估计法的优点是可以提高估计的效率，并且可以估计不随时间变化变量的系数（包括对水平方程的估计），采用系统广义矩估计法对模型进行估计的前提是扰动项无自相关。针对被解释变量 DIS，系统广义矩估计扰动项自相关估计结果显示（见表4），$p = 0.7013 > 0.1$，无法拒绝"扰动项差分的二阶自相关系数为0的假设"；过度识别检验（Sargan Test）的结果显示 $chi2(32) = 11.0535$，$Prob > chi2 = 0.9998$，$p = 0.9998 > 0.1$，表明不能拒绝"所有工具变量都有效"的原假设，故可认为工具变量［差分方程工具变量为，GMM-type：L（2/4）. DIS，

Standard：D. Adoption D. Time D. Service D. Central D. Local D. Lateral D. Tenure D. Election D. Age D. Education D. perGDP D. Population；水平方程工具变量 LD. DIS］均为有效工具变量。

表4 系统广义矩估计扰动项自相关检验

Order	z	Prob > z
1	− 1.6782	0.0933
2	− 0.3836	0.7013

在此基础上，采用 two-step 系统广义矩估计法对模型进行估计（见表5），模型4的分析结果表明，针对假设H1，政务微信的开通对政府绩效目标偏差没有显著影响，假设H1未得到验证；政务微信的开通周期与政府绩效目标偏差呈显著正相关，即政务微信的开通时间越长，政府绩效目标偏差越大，验证了假设H2；政务微信提供在线政务服务对政府绩效目标偏差没有显著影响，可能的解释是尚有部分政务微信并未提供在线政务服务或在线政务服务功能还不完善，并未起到促进政府绩效目标完成的作用，假设H3未得到验证；政务微信的开通时间与政务微信提供政务服务的交互作用对政府绩效目标偏差没有显著影响。

在控制变量方面，外省平调对政府绩效目标偏差有显著负向影响，即官员的外省平调能够显著减小政府绩效目标偏差。中途换届对政府绩效目标偏差有显著正向影响。

表5 动态面板数据系统广义矩估计法分析结果

变量	模型1	模型2	模型3	模型4
L1. 目标偏差	0.288 *** (4.99)	0.258 *** (5.94)	0.212 *** (3.82)	0.261 *** (4.66)
开通与否	2.563 (1.63)		− 2.111 (− 0.70)	− 1.279 (− 0.33)
开通时间		0.305 *** (3.42)	0.356 *** (3.29)	0.302 ** (2.09)
政务服务	0.309 (0.13)	3.915 * (1.69)	4.891 * (1.66)	1.749 (0.38)
政务服务×开通时间				0.237 (0.98)

续表

变量	模型 1	模型 2	模型 3	模型 4
中央调任	0.080 (0.04)	− 1.057 (− 0.59)	− 1.207 (− 0.48)	− 0.846 * (− 1.82)
本地晋升	− 2.132 (− 0.86)	3.243 (1.40)	3.833 * (1.90)	0.395 (0.17)
外省平调	− 8.543 ** (− 2.15)	− 26.607 *** (− 3.55)	− 33.273 *** (− 3.46)	− 28.656 *** (− 3.14)
官员任期	− 0.048 (− 0.23)	0.487 ** (2.35)	0.447 * (1.88)	0.452 (1.59)
中途换届	0.872 *** (2.78)	1.186 *** (4.21)	1.030 *** (3.59)	1.086 *** (3.23)
年龄	9.355 (1.15)	− 19.950 (− 1.48)	− 29.848 * (− 1.81)	− 30.697 * (− 1.76)
学历	− 1.989 (− 1.02)	− 0.282 (− 0.51)	− 2.289 (− 1.52)	− 3.687 * (− 1.65)
经济状况	2.541 *** (2.61)	4.033 *** (3.72)	5.910 *** (3.13)	6.397 *** (3.32)
人口数量	1.710 (0.94)	4.808 * (1.89)	5.095 ** (2.30)	4.760 ** (2.29)
2006 年	2.204 (0.68)	2.488 ** (2.17)	3.314 ** (2.46)	3.206 ** (2.32)
2010 年	0.314 (0.69)	0.496 (1.19)	0.802 * (1.78)	0.132 (0.29)
2011 年	− 0.387 (− 1.55)	0.345 (1.09)	0.446 (1.21)	− 0.257 (− 0.86)
2015 年	− 3.398 *** (− 3.56)	− 5.080 *** (− 4.66)	− 4.632 *** (− 4.09)	− 5.301 *** (− 5.03)
常量	− 69.292 ** (− 2.11)	1.471 (0.03)	24.109 (0.48)	

注：括号内为 t 统计量。***、**、* 分别表示在 1%、5% 和 10% 水平上显著。

（四）调节效应分析

表 6 报告了五年规划对政务微信的开通、开通周期与政府绩效目标偏差关系的调节效应，分析结果表明，政务微信的开通、政务微信的开通周期与五年规划的交互作用对政府绩效目标偏差的影响并不显著。但是，交互

项的统计显著性与否并不能完全反映调节效应的情况，为此本文分别绘制了政务微信的开通、政务微信的开通周期与五年规划的交互效应图（见图1、图2）。图1显示，模型中加入五年规划的直线斜率仍是负向，但斜率变大了，这说明五年规划负向调节了政务微信的开通与政府绩效目标偏差之间的关系，验证了假设H4。图2显示，模型中加入五年规划的直线斜率仍是正向，但斜率变小了，这说明五年规划负向调节了政务微信的开通周期与政府绩效目标偏差之间的关系，验证了假设H5。

表6 五年规划对政务微信的开通、开通周期与政府绩效目标偏差之间关系的调节效应

变量	模型 1	模型 2	模型 3
L1. 目标偏差	0.295 ***	0.270 ***	0.203 ***
	（5.51）	（5.07）	（3.39）
开通与否	2.849 *		-4.210
	（1.79）		（-0.95）
开通时间		0.273 *	0.488
		（1.86）	（1.47）
五年计划	-2.612	-5.264 ***	-3.799 **
	（-1.37）	（-4.66）	（-2.46）
开通与否×五年规划	-2.165		-6.626
	（-0.62）		（-1.44）
开通时间×五年规划		0.043	0.190
		（0.44）	（0.68）
政务服务	0.822	2.900	8.320 ***
	（0.34）	（1.50）	（2.62）
中央调任	2.640	-3.477	-3.783
	（0.94）	（-1.13）	（-1.08）
本地晋升	-0.804	2.401	1.953
	（-0.34）	（1.04）	（0.65）
外省平调	-7.436 **	-24.524 ***	-35.201 ***
	（-1.98）	（-3.03）	（-3.59）
官员任期	0.020	0.707 ***	0.512 *
	（0.10）	（2.80）	（1.85）

续表

变量	模型 1	模型 2	模型 3
中途换届	1.123*** (3.07)	1.217*** (4.04)	1.202*** (3.43)
年龄	10.477 (1.10)	−34.918** (−2.12)	−33.592* (−1.93)
学历	0.786 (1.33)	−1.344 (−1.04)	−3.415 (−1.49)
经济状况	1.493* (2.37)	5.124*** (3.44)	6.490*** (3.33)
人口数量	3.376* (1.76)	5.384** (2.20)	6.336*** (2.84)
2006 年	11.035** (2.08)	8.185*** (4.84)	7.167*** (3.90)
2010 年	3.282 (1.62)	5.133*** (4.25)	4.351** (2.45)
2011 年	2.390 (1.27)	5.176*** (5.25)	3.965** (2.42)
常量	−83.924** (−2.14)	48.403 (1.02)	27.130 (0.53)

注：括号内为 t 统计量。***、**、*分别表示在 1%、5% 和 10% 水平上显著。

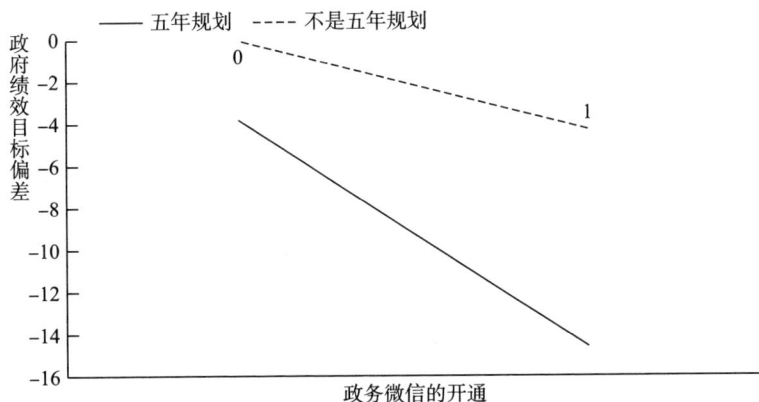

图 1　政务微信的开通与五年规划的交互效应

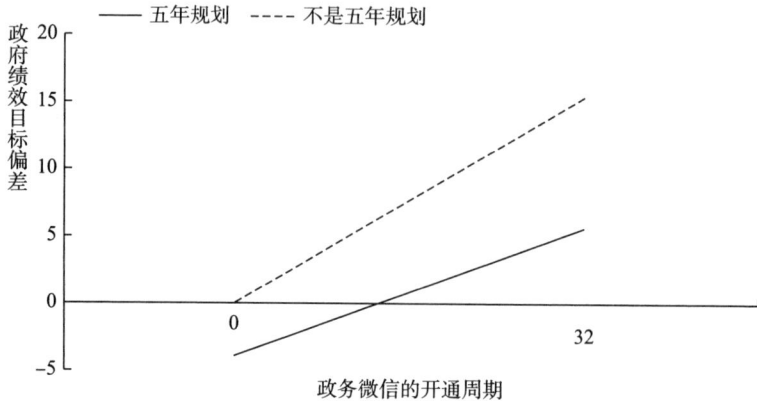

图 2　政务微信的开通周期与五年规划的交互效应

（五）稳健性检验

为保证上文所构建动态面板数据模型的稳健性，本文采用变换统计分析的方式对实证分析的结果进行稳健性检验，运用动态面板数据差分广义矩估计法。稳健性分析结果如表 7 所示，模型 4 的分析结果表明，政务微信的开通、政务微信的开通周期、政务微信提供在线政务服务对政府绩效目标偏差的影响均很稳定，假设 H1 得到部分验证、假设 H2 得到验证、假设 H3 未得到验证；与动态面板数据系统广义矩估计法的分析结果一致（见表 5），这说明政务微信的开通、开通周期及提供在线政务服务对政府绩效目标偏差的影响不会受到统计分析方法的影响，研究结论具有稳定性。

表 7　稳健性分析结果

变量	模型 1	模型 2	模型 3	模型 4
L1. 目标偏差	0.212 *** (5.56)	0.173 *** (5.61)	0.179 *** (5.83)	0.179 *** (5.15)
开通与否	3.601 ** (2.36)		− 0.678 (− 0.68)	− 1.075 (− 0.40)
开通时间		0.357 *** (5.37)	0.263 *** (2.77)	0.329 ** (2.19)
政务服务	− 0.519 (− 0.17)	3.271 *** (4.13)	2.477 * (1.86)	4.031 (0.79)

变量	模型 1	模型 2	模型 3	模型 4
政务服务 × 开通时间				0.020 (0.09)
中央调任	2.976 (0.91)	3.490 (0.73)	−7.123 (−0.98)	0.273 (0.07)
本地晋升	−0.232 (−0.13)	−0.723 (−0.26)	−8.478* (−1.74)	−3.757 (−1.28)
外省平调	−2.738 (−1.29)	−8.150* (−1.93)	−20.833*** (−2.72)	−15.528** (−2.30)
官员任期	−0.071 (−0.30)	0.041 (0.16)	0.265 (0.93)	0.082 (0.30)
中途换届	0.662* (1.93)	0.870** (2.54)	1.238*** (3.09)	1.004*** (2.71)
年龄	21.760 (1.46)	16.211 (1.09)	16.376 (1.09)	22.390 (1.22)
学历	0.709 (1.17)	0.527 (0.93)	1.181* (1.79)	0.662 (1.15)
经济状况	−0.875 (−0.45)	0.325 (0.19)	−1.455 (−0.73)	−0.668 (−0.28)
人口数量	30.281 (1.43)	13.456 (0.68)	28.804 (1.36)	24.588 (0.93)
2006 年	−0.717 (−1.10)	−0.432 (−0.74)	−0.803 (−1.30)	−0.448 (−0.73)
2010 年	−0.116 (−0.42)	0.052 (0.12)	−0.056 (−0.12)	0.289 (0.87)
2011 年	−0.338 (−1.37)	−0.232 (−0.81)	−0.377 (−1.22)	−0.242 (−0.91)
2015 年	−3.509*** (−2.93)	−6.078*** (−6.31)	−4.288*** (−3.13)	−5.545*** (−3.50)
常量	−323.256 (−1.60)	−177.635 (−0.94)	−277.004 (−1.41)	−279.473 (−1.11)

注：括号内为 t 统计量。***、**、* 分别表示在 1%、5% 和 10% 水平上显著。

五 结论与讨论

本文以全国 31 个省级政府的政务微信和省长为研究对象，选取 2005 ~ 2015 年的动态面板数据，实证检验了政务微信的开通、政务微信的开通周期、五年规划对政府绩效目标偏差的影响。实证研究结果支持了假设 H2、H4 和 H5，部分支持了假设 H1（与预期假设方向一致，但不显著），未验证假设 H3（与预期假设方向不一致，亦不显著），具体分析结果如下。

第一，政务微信的开通对政府绩效目标偏差有负向影响，但不显著，即政务微信的开通在一定程度上能够减小政府绩效目标偏差。一方面，因为政务微信的运营主体宣传工作不到位，许多公众并不知晓该省份已开通政务微信，这直接影响政务微信的使用率和运行效果。虽然政务微信具有点对点的沟通服务功能，但它对公众的询问多数是自动默认回复，并不能真正回应公众关切。另外，政务微信的评论功能模块默认是不开启的，经分析发现，几乎所有省份的政务微信均未开启评论功能模块，公众参与较少，妨碍了政府与公众之间的沟通。部分省份即使开通了政务微信，但疏于对其进行精细管理和运营，这影响了政务微信的运行效果；较晚开通的政务微信还未真正发挥作用。另一方面，政务微信作为社会化媒体问政的重要途径之一，尚有部分重要的利益相关主体并未关注，这使得影响绩效目标完成的关键问题得不到及时回应和有效解决。

第二，政务微信的开通周期对政府绩效目标偏差有显著正向影响，即政务微信的开通时间越长，政府绩效目标偏差程度越大。一方面，政务微信的开通时间越长，公众反映的棘手问题就越多，部分地方政府因难以解决问题而出现选择性执行的偏差行为，导致政务微信的功能模块中涉及的关键绩效目标（如环境污染指标等）越来越少，不愿将完成不好的绩效目标公之于众，使得关键绩效目标的完成过程得不到有效监督。另一方面，随着政务微信开通时间的延长，部分省份的官员认为政务微信对政府绩效提升的效果不显著，导致他们放弃了对政务微信的运营，出现了部分"僵尸微信"，最终导致政务微信的运行效果不尽如人意。

第三，政务微信提供在线政务服务对政府绩效目标偏差没有显著影响。

一方面，部分省级政务微信还未开通在线政务服务功能，削弱了整体政务微信对政府绩效目标完成情况的影响。另一方面，已经开通政务微信在线政务服务功能的省份存在在线政务服务功能不完善、涉及在线服务项目不全、可移动支付功能受限等情况，致使政务微信的在线政务服务功能未能充分发挥作用，最终使其对政府绩效目标偏差没有显著影响。

第四，五年规划与政务微信的交互效应对政府绩效目标偏差具有负向影响。五年规划与政务微信开通的交互效应、五年规划与政务微信开通时间的交互效应对政府绩效目标偏差具有负向影响，进一步通过调节效应情况可知，五年规划的开局之年和收官之年的政府绩效目标偏差程度相对较小，即在五年规划的开局之年和收官之年，政务微信减小政府绩效目标偏差的效果更加显著。因此，在五年规划的开局之年和收官之年之外的其他时间，各省份尤其要加强对政务微信的运营和管理，以避免政府绩效目标偏差增大。

上述研究发现具有较强的稳健性，引起我们对省级政府政务微信的运行机制的再思考，并启发理解五年规划周期对政府绩效目标完成情况的重要性。本文的政策启示有以下几点。

首先，政务微信的开通能够减小政府绩效目标偏差。因为政务微信矩阵的协同发展融合了政务微博和政府官网等媒介，打破了各级地方政府及各政府部门之间的功能区隔，提高了信息资源共享和公共服务水平，回应和满足了公民多元化的需求，拓宽了政民沟通的渠道。因此，在互联网和新媒体日益繁荣的背景下，各地方政府要加速构建以政务微信为主体的政务新媒体矩阵，打破各级地方政府及各政府部门之间的联动壁垒，加强各级地方政府与各政府部门之间的互相监督，吸引公众广泛参与，扩大政务信息的张力和政务服务的范围。可考虑在政务微信平台内部设置二次开放方式叠加整合政务微博、政务 APP、政府官网、政务短视频等各类应用链接，目前已有部分省份设置此功能，如添加更多在线便民服务等网上政务办事大厅的功能模块及可移动支付功能，把以政务微信为平台的政务新媒体矩阵的作用发挥到极致。

其次，随着开通周期变长，部分省份逐渐失去了政务微信开通伊始的热情，疏于对政务微信的有效管理和运营，导致政府绩效目标偏差增大。

一方面，因为"惰性思维"使然，或者轻视政务微信的强大影响力，部分省份尚未建立健全规范的政务微信的运营和管理制度，或即使有相关的制度规范，也是"束之高阁"，未有效运用在政务微信的运营、管理和考评过程之中。另一方面，缺乏对政务微信运行效果的评价和奖惩机制，"管与不管一个样，管好管坏一个样"挫伤了政务微信的主管机构和运营机构的工作积极性。因此，各地方政府要建立健全政务微信的管理制度规范和运行效果评价机制。国务院办公厅印发的《2017年政务公开工作要点》指出："要用好管好政务新媒体，明确开办主体责任，健全内容发布审核机制，强化互动和服务功能……加强督查评估，将政务公开纳入绩效考核体系。"一方面，要通过制度约束督促各省级政府政务微信有效整合政务信息资源、及时发布权威信息，通过线上线下互动，切实快速回应公众需求，加强政府部门与网民之间的沟通联系，为公众提供方便快捷的在线政务服务，做实政务微信的群众基础，营造活跃稳定的舆论环境，树立良好政府形象，更好地促进各类政府绩效目标的实现。另一方面，要建立政务微信运行效果的评价机制，明晰政务微信的运营目标及各利益相关主体的责任归属，将政务微信运营职员的规范化和专业化、政务舆情回应的效率和效果、公众参与等纳入评价体系，以督促政务微信的运行达到预期效果。

地方政府政务微信开通的过程是创新扩散的重要体现，从创新扩散视角看，地方政府创新的动力来自内部因素（如资源禀赋）与外部因素（如晋升压力、公众参与）。地方政府可以通过政策学习等方式不断完善政务微信的运营机制，向已经开通政务微信且运营效果较好的省份实地调研学习，推进政务微信的横向扩散。地方政府应理性地开通政务微信，不能"只开通、不运营"，尽量避免"僵尸政务微信"的出现，将地方经验有效融入国家决策，有效推动政务微信的纵向推广。同时，地方政府政务微信应设置更加丰富、更加有效的政务服务功能，增加公众参与的便捷性，及时吸纳公众意见和建议，不断提升政务微信的运营效果。

最后，五年规划的开局之年和收官之年对政务微信的开通、开通周期与政府绩效目标偏差之间的关系具有负向调节效应。可能的解释是，在五年规划的开局之年和收官之年，中央政府、各省份下辖的下级政府、公众等利益相关者均会密切关注政府绩效目标的完成情况，无形之中给地方政府官员带来很大压力，必须完成好事前承诺的各类绩效目标，同时也必须完整和清晰地报告各类绩效目标的完成情况，而政务微信中网上办事大厅恰好是比较理想的促进各类绩效目标完成的平台，同时政务微信中的政务公开和信息发布模块恰好是绩效目标完成情况的权威发布平台。因此，不论政务微信开通与否、政务微信开通周期的长短，各省份都要结合省情密切关注五年规划中间三年（除去开局之年和收官之年）的政府绩效目标完成情况，同时也要精心运营和管理政务微信。

政府绩效目标偏差的构成和影响因素非常复杂，本文仅对政务微信的开通、开通周期、是否提供在线政务服务等对政府绩效目标偏差的影响进行了研究验证，未能够对政务微信的在线政务服务功能和政府绩效目标进行细分。未来研究可以分别探讨政务微信的不同政务服务功能设置对政府经济类绩效目标偏差、民生类绩效目标偏差、环境类绩效目标偏差的影响，进而全面评估政务微信的运营效果及其形成机理。另外，本文仅将地方政府官员的特征纳入分析模型，未对政务微信运营机构的特征、运营职员的能力特征等因素进行分析，未来研究可以分析政务微信的运营模式、运营机构的特征、运营职员的能力特征等对政府绩效目标偏差的影响，从而为全面理解政务微信对政府绩效目标偏差的影响机理和提高政务微信的运行绩效提供经验证据。

参考文献

黄河、翁之颢，2016，《移动互联网背景下政府形象构建的环境、路径及体系》，《国际新闻界》第 8 期。

贾哲敏、李文静，2017，《政务新媒体的公众使用及对政府满意度的影响》，《北京航空航天大学学报》（社会科学版）第 2 期。

匡文波，2016，《如何拆掉政务微信中的官民"隔心墙"》，《人民论坛》第 4 期。

李维安、钱先航，2012，《地方官员治理与城市商业银行的信贷投放》，《经济学》（季刊）第 4 期。

刘焕、吴建南、孟凡蓉，2016，《相对绩效、创新驱动与政府绩效目标偏差——来自中国省级动态面板数据的证据》，《公共管理学报》第 3 期。

刘江，2019，《适应障碍、同质游戏与互动承诺的异化——基于社会网络分析的政务微博互动质量研究》，《电子政务》第 3 期。

刘瑾，2016，《政务微信运行效果研究——以"平安北京"政务微信为例》，《青年记者》第 26 期。

刘锐、谢耘耕，2012，《中国政务微博运作现状、问题与对策》，《编辑之友》第 7 期。

卢春天、权小娟，2015，《媒介使用对政府信任的影响——基于 CGSS 2010 数据的实证研究》，《国际新闻界》第 5 期。

罗韵娟、王锐，2020，《创新扩散视角下"一带一路"议题传播的社交网络分析》，《当代传播》第 1 期。

马亮，2013，《官员晋升激励与政府绩效目标设置——中国省级面板数据的实证研究》，《公共管理学报》第 2 期。

毛斌、刘进军、刘书明，2016，《新常态下政务微信的优化路径研究》，《情报杂志》第 8 期。

王芳、张璐阳，2014，《中国政务微信的功能定位及公众利用情况调查研究》，《电子政务》第 10 期。

王树文，2016，《网络时代社会协同政府治理模式构建——基于政务微信的视角》，《学习与探索》第 3 期。

王子蕲，2017，《网络政治参与影响地方政府治理的路径和限度》，《行政论坛》第 1 期。

吴建南、胡春萍、张攀、王颖迪，2015，《效能建设能改进政府绩效吗？——基于 30 省面板数据的实证研究》，《公共管理学报》第 3 期。

肖文涛，2006，《构建和谐社会与地方政府治理模式创新》，《中国行政管理》第 11 期。

徐琦、宋祺灵，2014，《"数读"首都政务微信的现状与问题》，《现代传播》第 10 期。

徐现祥、王贤彬、舒元，2007，《地方官员与经济增长——来自中国省长、省委书记交流的证据》，《经济研究》第 9 期。

杨君，2011，《晋升预期、政策承诺与治理绩效——基于 15 个副省级城市 GAR 的研究》，《公共行政评论》第 5 期。

尹连根、黄敏，2016，《政府官方微博：形似公共领域和次私密领域的集合体》，《国际新闻界》第 5 期。

喻国明、潘佳宝，2016，《"互联网＋"环境下中国传媒经济的涅槃与重生——2015 年中国传媒经济研究的主题与焦点》，《国际新闻界》第 1 期。

张辉，2015，《地方政府政务微信吸纳的影响因素研究》，《情报杂志》第 6 期。

张志安、徐晓蕾，2015，《政务微信的社会功能及提升对策》，《新闻与写作》第 9 期。

赵国洪、陈创前，2012，《"微博问政"现象的实证研究——基于新浪微博的分析》，《图书情报工作》第 6 期。

周黎安、刘冲、厉行、翁翕，2015，《"层层加码"与官员激励》，《世界经济文汇》第 1 期。

朱光喜、金东日，2012，《政府工作报告中的绩效自评估——基于 2006—2010 年省级政府工作报告的分析》，《公共行政评论》第 3 期。

Abdelsalam, H. M., Reddick, C. G., Saragamal, & Al-shaar, A. 2013. "Social Media in Egyptian Government Websites: Presence, Usage, and Effectiveness." *Government Information Quarterly* 30: 406 – 416.

Bohte, J. & Meier, K. J. 2000. "Goal Displacement: Assessing the Motivation for Organizational Cheating." *Public Administration Reivew* 65 (9): 65 – 79.

Franzel, J. M. 2008. "Urban Government Innovation: Identifying Current Innovations and Factors that Contribute to Their Adoption." *Review of Policy Research* 25 (3): 253 – 277.

Gao, J. 2015. "Pernicious Manipulation of Performance Measures in China's Cadre Evaluation System." *The China Quarterly* 223 (16): 618 – 637.

Hong, H. 2013. "Government Websites and Social Media's Influence on Government-Public Relationships." *Public Relations Review* 39 (4): 346 – 356.

Hood, C. 2006. "International Gaming in Targetworld: The Targets Approach to Managing British Public Services." *Public Administration Review* 66 (4): 515 – 521.

Lee, C., Chang, K., & Berry, F. S. 2011. "Testing the Development and Diffusion of E-Government and E-Democracy: A Global Perspective." *Public Administration Review* 71 (3): 444 – 454.

Liang, J. & Langbein, L. 2015. "Performance Management, High-Powered Incentives, and Environmental Policies in China." *International Public Management Journal* 18 (3): 346 – 385.

Lollar, X. L. 2006. "Assessing China's E-Government: Information, Service, Transparency and Citizen Outreach of Government Websites." *Journal of Contemporary China* 46 (15): 31 – 41.

Lu, B., Zhang, S., & Fan, W. 2016. "Social Representations of Social Media Use in Government: An Analysis of Chinese Government Microblogging From Citizens' Perspective." *Social Science Computer Review* 34 (4): 416 – 436.

Tolbert, C. J., Mossberger, K., & McNeal, R. 2008. "Institutions, Policy Innovation, and E-Government in the American States." *E-Government in the American States* 68 (3): 549 – 563.

Tu, F. 2016. "WeChat and Civil Society in China." *Communication and the Public* 1 (3):

343 – 350.

Walker, R. M. , Avellaneda, C. N. , & Berry, F. S. 2011. "Exploring the Diffusion Of Innovation among High and Low Innovative Localities: A Test of the Berry and Berry Model." *Public Management Review* 13 (1): 95 – 125.

Wu, Y. , Atkin, D. , Mou, Y. , Lin, C. A. , & Lau, T. Y. 2013. "Agenda Setting and Micro-blog Use: An Analysis of the Relationship between Sina Weibo and Newspaper Agendas in China." *The Journal of Social Media in Society* 2 (2): 8 – 25.

Xia, S. 2016. "Does E-Governance Matter for the People's Trust in the Government? Evidence from Shanghai, China." *International Journal of Social Science and Economic Research* 9 (1): 1449 – 1468.

Yang, G. 2014. "Contesting Food Safety in the Chinese Media: Between Hegemony and Counter-Hegemony." *The China Quarterly* 214: 337 – 355.

Zheng, L. 2013. "Social Media in Chinese Government: Drivers, Challenges and Capabilities." *Government Information Quarterly* 30 (4): 369 – 376.

Zheng, L. & Zheng, T. 2014. "Innovation through Social Media in the Public Sector: Information and Interactions." *Government Information Quarterly* 31: S106 – S117.

生态系统视角下日本开放政府数据利用保障机制研究*

房海旭　付熙雯**

摘　要　日本在推进开放政府数据利用方面的政策措施颇具代表性，深入探究日本相关经验有助于为我国深化开放政府数据的利用与价值产出提供借鉴。本文在构建生态系统视角下开放政府数据利用保障机制分析框架的基础上，系统梳理了日本开放政府数据利用实践的内容和特点。分析发现，日本政府推进数据开放利用的综合措施从供给方、需求方及环境因素的协同关系出发，结合现实国情，发展出央地互动保障供给、兼顾多元利用者需求、利用导向的开放政府数据生态环境培育三个特点。本文进一步讨论了日本实践经验在我国社会背景下的适用性，提出搭建以制度建设为保障、以利用者需求为导向、以多元互动结构为基础的开放政府数据利用生态体系的建议。

关键词　日本　开放政府数据利用　生态系统

一　引言

自 2009 年美国开放政府数据平台 data. gov 上线以来，开放政府数据的浪潮迅速席卷全球。政府作为一国数据资源的关键持有者，在开放数据生态系统中扮演着重要角色。随着数据开放工作的重心从扩大供给走向吸引利用，如何落实开放政府数据的利用实效，促使开放政府数据创造更高水平的公共及经济价值，已成为当下政府部门在相关实践中面临的突出挑战，

* 国家社会科学基金青年项目"地方政府开放数据利用效果的影响因素与治理路径研究"（编号：20CGL042）研究成果之一。

** 房海旭，东北大学文法学院博士研究生，研究方向为数字治理与公共政策。付熙雯，博士，西北大学公共管理学院教授、硕士生导师，研究方向为数字治理。

也是当前开放政府数据研究的关键着眼点。

日本在促进开放政府数据的利用方面颇具代表性。在严峻的高龄少子化社会背景下，日本政府以实用为导向，将开放政府数据与社会治理充分融合，实现对公共价值的有效回应。在 2018 年 Open Data Barometer-Leaders Edition 所有被评估的国家中，日本以 68 分排名第七，呈稳步增长趋势。综合考量日本在地理区位、社会文化等方面与我国的相近性，对日本开放政府数据体制机制特点的深入挖掘十分必要。

二 文献综述

（一）开放政府数据相关概念辨析

充分理解开放政府数据的含义是进一步分析其体制机制的前提。就开放政府数据的概念辨析（见表 1）而言，首先需要厘清"开放数据""政府数据""开放政府"三个概念之间的区别与联系。世界银行指出，开放数据即任何人都可以自由使用、重用和分发的数据，其中最多只能采取保护来源和开放性的基本措施。《开放数据宪章》将开放数据定义为具有必要的技术和法律特征的数字数据，可被任何人在任何时间和任何地点自由使用、重用和重新分发。就政府数据而言，作为我国首部省级层面针对政府数据开放的地方性法规，《贵州省政府数据共享开放条例》明确将其定义为："行政机关在依法履行职责过程中制作或者获取的，以一定形式记录、保存的各类数据，包括行政机关直接或者通过第三方依法采集、管理和因履行职责需要依托政府信息系统形成的数据。"关于开放政府，经合组织最初将其定义为政府行动的透明性、政府服务和信息的可获得性以及政府对公众想法、需求的回应性（OECD，2005）。而后，由于信息与通信技术的广泛使用以及社会网络作用的日益增强，经合组织在最新的定义中更倾向于强调开放政府的实践及其影响，指出开放政府意味着政府对公民和社会的贡献持开放态度，以共同创造公共价值（OECD，2010）。开放政府涉及政府信息披露、公私互动合作、数据公开等关键要素（Meijer et al.，2012；Wirtz & Birkmeyer，2015）。随着新技术的发展，政府正在不断探索新的民主模式，尝试主动披露数据和信息从而实现更大的社会价值。开放政府为治理背景下政府与公众之间信息数据的持续流动及需求反馈提供了更大的可能（Parycek & Sachs，2010；王本刚、马海群，2015）。

综合上述有关三者定义的梳理与探讨可以看出，开放数据更强调技术层面的开放与利用，开放政府更强调政治性的公众参与，而开放数据与政府数据之间既有交集又不尽相同。政府数据开放是开放政府在当今技术背景下的一种实践，是开放政府与开放数据两个概念的交集部分（郑磊，2018）。《贵州省政府数据共享开放条例》将政府数据开放定义为"行政机关面向公民、法人或者其他组织依法提供政府数据的行为"。政府数据开放本质上是政务数据的开放（胡海波、高鹏，2018），也是开放政府运动的必然产物（赵需要等，2019）。

表 1　开放政府数据相关概念辨析

基本概念	概念来源	定义内容
开放数据	世界银行	任何人都可以自由使用、重用和分发的数据，其中最多只能采取保护来源和开放性的基本措施
	《开放数据宪章》	具有必要的技术和法律特征的数字数据，可被任何人在任何时间和任何地点自由使用、重用和重新分发
	开放定义	可以被任何人免费使用、再利用、再分发的数据。在其限制上，最多是要求遵守一定的协议或授权
政府数据	《贵州省政府数据共享开放条例》	行政机关在依法履行职责过程中制作或者获取的，以一定形式记录、保存的各类数据，包括行政机关直接或者通过第三方依法采集、管理和因履行职责需要依托政府信息系统形成的数据
	王芳、陈锋，2015	政府数据是政府机构在实现运营目标的过程中生成、收集、维护、管理和拥有的数据
开放政府	OECD，2005	政府行动的透明性、政府服务和信息的可获得性以及政府对公众想法、需求的回应性
	OECD，2010	开放政府意味着政府对公民和社会的贡献持开放态度，以共同创造公共价值
	Parycek & Sachs，2010	所谓的开放政府代表了一种现代的治理方法，为政府和它的公民提供了开放、透明和持续对话的新空间
	Meijer et al.，2012	开放政府不仅是信息方面的开放与可获得性，而且关乎政府与公民之间的互动
	Wirtz & Birkmeyer，2015	开放政府是一个多边的、政治的和社会的过程，它特别包括政府和行政部门的透明、合作和参与行动
	王本刚、马海群，2015	通过信息公开、数据开放、公私互动、公私合作等形式提升政府治理能力

续表

基本概念	概念来源	定义内容
开放政府数据	OECD，2022	开放政府数据通过向所有人提供政府数据来促进透明度、问责制和价值创造
	Geiger & Von Lucke，2012	开放政府数据是所有公共部门所持有的数据，政府出于公共利益的考虑可对其进行开放且没有任何使用和分发限制
	郑磊，2015a	开放政府数据是指任何人都可以自由、免费地访问、获取、利用和分享政府的数据
	UN E-Government Survey	主动在网上公开政府信息，使任何人都不受限制地获取、再利用和再分发
	胡海波、高鹏，2018	政府数据开放本质上是指政务数据的开放。政府开放数据的本质应该是开放最底层的数据、最原始的数据
	《贵州省政府数据共享开放条例》	行政机关面向公民、法人或者其他组织依法提供政府数据的行为

（二）开放政府数据生态系统

以生态系统为视角研究开放政府数据的内在机理可追溯至2010年O'Reilly对开放政府的论述（Lathrop & Ruma，2010）。随后，经济学家Pollock（2011）在其文章中倡导培育一个整体的开放数据生态系统，将数据处理的基本模型从"单向路"（one-way street）转变为一个以数据周期为特征的动态系统。Zuiderwijk等（2012）认为，政府数据开放从政府负责数据的创建与发布，到用户发现并利用数据，再到向数据提供者反馈的整个流程构成了一个系统闭环。Harrison等（2012）提出采用战略生态系统思维（strategic ecosystems thinking），强调意图、价值创造以及可持续性三个维度对开放政府数据研究的重要价值。Dawes等（2016）对生态系统隐喻（ecosystem metaphor）做了相应阐述，强调通过用户与流程之间不断发展的、自发性的反馈与调整的开放政府数据生态系统对整个开放政府数据进程的优化和启发。国内学者郑磊（2015a）也指出，在价值创造的机理上，政府数据从开放、利用到价值创造是一个动态循环的过程，其间政府、数据利用者、普通公众和外部环境的作用共同决定着开放数据的最终效果，构成一个生态系统。随着生态系统视角与开放数据研究的相容性得到学界的普遍认可，越来越多的学者对这一领域进行了更深层次的探索，主要涉及开放数据生态系统的成熟度评估、政策可持续性、多元主体责任与义务辨析、发展水平评估等内容（曹雨佳、黄伟群，2016；Donker & Loenen，2017；Styrin et al.，2017；陈珊珊、陈玉梅，2018；Piedrahita et al.，2019；门理想、王丛虎，2021）。

（三）开放政府数据利用

开放政府数据为社会所利用，是其创造价值的前提（付熙雯、郑磊，2020）。围绕开放政府数据的利用，既有文献在利用的类型、条件、用户及影响等方面已有了一定的积累，然而，当前学界在开放政府数据利用实践层面的研究还十分有限（Safarov et al.，2017）。国内关于开放政府数据利用的研究多停留于驱动因素及其关系辨析（王法硕、王翔，2016；Wang et al.，2019）、利用评估框架（郑磊、关文雯，2016；范佳佳，2018）、价值实现机制（马仁杰、金一鼎，2018；沈晶、胡广伟，2016）等维度上，针对政府部门如何综合推进数据利用、建立数据利用保障机制方面的研究尚显不足。因此，本文在既有研究基础上，试图在生态系统理论与开放政府数据利用机制研究中找到一个结合点，在对日本开放政府数据利用保障工作的实践研究中进一步融入理论关怀，更为系统地分析梳理他国实践特色，从而为我国实践发展提供借鉴。

（四）文献评述

在开放政府数据相关研究中，生态系统理论在论述开放政府数据的利用环境与价值生成机制方面产生了重要影响，该视角下的研究普遍指出政府部门在搭建开放政府数据利用生态过程中扮演了重要角色，以及该生态系统内部各要素间的协同作用对政府数据可持续开放与利用的影响。但由于国家层面的案例经验有限以及国家间政策推进程度不一，多数研究仅将政府作为数据提供方而非价值产出全过程的参与主体进行分析（汤志伟、王研，2020），在政府部门如何综合推进与保障开放政府数据利用方面的研究尚显不足，尤其是开放政府数据供给方、需求方及环境因素的协同关系方面缺少研究论述支撑。由此，在既有文献研究基础上，本文从生态系统视角切入，以日本中央与地方政府在推进开放数据利用方面的制度措施为研究对象，围绕供给、需求、环境三个维度构建开放政府数据利用保障机制的分析框架，透视日本开放政府数据利用实践，以期在总结推进开放政府数据价值释放的他国经验的同时，为当下的国内研究与实践提供参考。

三 研究设计

（一）研究方法

本文以日本开放政府数据实践为研究案例，以生态系统视角为切入点，试图总结并分析日本在保障开放政府数据产生利用实效过程中的多维机制。首先，基于文献研究，本文构建了生态系统视角下开放政府数据保障机制的供给、需求、环境三因素协同分析框架。其次，在这一分析框架的基础上，本文探究了日本政府推进开放数据利用实效的工作内容、策略及特征。具体而言，本文以日本中央与地方政府在推进开放数据利用方面的法律、法规、政策、措施为研究对象，通过一手和二手数据采集与文本分析，系统梳理日本开放政府数据利用推进实践，并针对其特点进行总结分析。

（二）数据来源

本文使用的数据来源于日本开放政府数据相关政策文本（见表2）、开放数据门户网站，以及其他相关信息与文件。相关文本的获取途径包括日本数据开放门户网站（http://www.data.go.jp）、政府 CIO 网站（https://cio.go.jp）、IT 综合战略总部网站（http://www.kantei.go.jp/jp/singi/it2/）、日本内阁官网（http://www.cao.go.jp）、日本电子政务综合窗口（https://www.e-gov.go.jp/）等。

表 2　日本开放政府数据相关政策文件

发布时间	发布机构	政策名称
2012 年 7 月	IT 综合战略总部	《电子政务开放数据战略》
2012 年 8 月	IT 综合战略总部 行政改革执行总部	《关于政府首席信息官制度的推进体制》
2013 年 6 月	内阁	《世界最先进 IT 国家创建宣言》
2013 年 10 月	首席信息官联络会	《日本开放数据宪章行动计划》

续表

发布时间	发布机构	政策名称
2015 年 2 月	内阁官房 IT 综合战略办公室	《地方政府开放数据推广指南》
2015 年 2 月	内阁官房 IT 综合战略办公室	《开始使用开放数据》《地方公共团体首本指南》
2015 年 6 月	IT 综合战略总部	《致力于开发新的开放数据》
2015 年 12 月	内阁	《第五个科学技术基本计划》
2016 年 5 月	IT 综合战略总部	《开放数据 2.0》
2017 年 5 月	IT 综合战略总部·官民数据利用推进战略会议	《开放数据基本准则》
2017 年 5 月	IT 综合战略总部·官民数据利用推进战略会议	《世界最先进 IT 国家创建宣言·官民数据活用推进基本计划》
2017 年 5 月	IT 综合战略总部·官民数据利用推进战略会议	《数字政府推进方针》
2018 年 7 月	总务省	2018 年版《信息通信白皮书》
2019 年 6 月	IT 综合战略总部·官民数据利用推进战略会议	《数字时代新 IT 政策纲要》
2020 年 3 月	内阁官房 IT 综合战略办公室	《促进开放数据利用的未来措施》
2020 年 12 月	内阁	《实现数字社会改革基本方针》
2020 年 12 月	内阁	《数字政府实施计划》
2021 年 3 月	网络安全措施促进委员会·首席信息官联络会	《使用政府机构数字化改革所需的 IT 和安全知识来保护和培训人力资源的综合政策》
2021 年 3 月	内阁官房 IT 综合战略办公室	《敏捷开发实践指南》
2021 年 5 月	第 204 届国会常会	《数字社会形成基本法》
2021 年 5 月	第 204 届国会常会	《数字厅设置法》
2021 年 6 月	IT 综合战略总部·官民数据利用推进战略会议	《官民 ITS 构想/路线图》
2021 年 6 月	IT 综合战略总部·官民数据利用推进战略会议	《实现数字社会的重点计划》
2021 年 6 月	内阁	《国家数据战略》
2021 年 7 月	网络安全措施促进委员会·首席信息官联络会	《政府信息系统安全评估方案（IS-MAP）暂行办法的修订》
2021 年 9 月	数字社会推进会议干事会	《政务信息系统使用云服务基本政策》
2022 年 2 月	数字厅	《开放数据布道者派遣实施指南》

发布时间	发布机构	政策名称
2022 年 6 月	数字厅	《政府信息系统安全设计指南》
2023 年 1 月	数字厅	《流程图诊断和开放数据质量评价指标》
2023 年 1 月	数字厅	《开放数据支持机构对地方政府支援的实施指南》
2023 年 3 月	数字社会推进会议干事会	《数字政府推广标准指南》
2023 年 3 月	数字厅	《数字政府推广标准指导手册》
2023 年 3 月	数字厅	《数字政府推广标准导则实用指南》
2023 年 3 月	数字厅	《政府信息系统安全风险分析指南》

（三）研究框架

郑磊（2015b）从参与主体视角系统概括了影响政府数据开放的需求因素（数据利用者、数据产品用户）、供给因素（政府部门）及环境因素（组织内外部环境），为本文开放政府数据利用效果的关键因素辨析提供了一定的理论参考。从供给因素角度出发，既有文献多以政府为主要供给方，从技术条件与社会条件两个层面分析开放政府数据供给水平（Safarov et al.，2017），包含数据资源（Martin，2014）、数据管理（李重照、黄璜，2019b）、平台建设（Chatfield & Reddick，2017）等。开放政府数据需求因素因利用者类型及特征的多样性存在明显的差异，这些差异会对利用者的行为及其利用结果产生影响（Zuiderwijk et al.，2012）。而随着对开放政府数据利用效果研究的进一步深化，与数据开放及利用相关的环境因素逐渐被纳入开放政府数据利用研究视野，主要涉及经济环境、社会需求环境、政治环境、信息产业环境等（Sayogo & Pardo，2013；齐艳芬等，2018；Fan & Zhao，2017；汤志伟等，2018）。

从相关文献发展历程来看，从综合视角而非单一视角出发研究开放政府数据利用效果的产出条件已逐渐成为共识。生态系统理论关注系统内部主体及其与环境的协同互动关系，考虑到来自供需两方的数据开放及利用主体在相互作用的基础上也都受到环境因素的制约（吴金鹏、韩啸，2020）并和环境进行互动，本文进一步构建如图 1 所示的开放政府数据利用保障机制框架，从开放政府数据的供给层面、需求层面及环境层面出发探究日本开放政府数据利用保障机制（见表3）。具体而言，分为以政府为主体的供给保障机制、以利益相关者为主体的需求保障机制以及利用导向的开放政府数据生态环境培育三个层面。

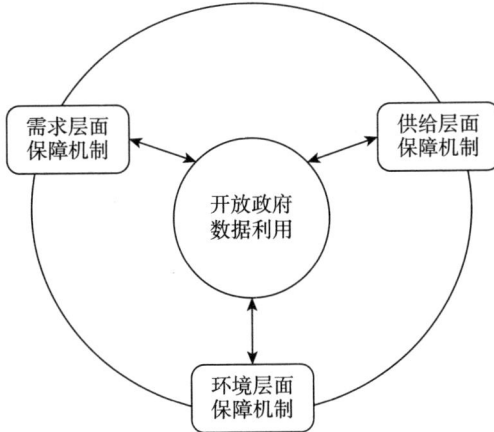

图1 开放政府数据利用保障机制框架

表3 日本开放政府数据利用保障机制分析框架

核心维度	子维度
	数据资源
	数据管理
供给层面	人才资源
	平台建设
	组织架构
	公民
需求层面	私营部门
	其他利用主体
	政治环境
	法律环境
环境层面	经济环境
	技术环境
	社会环境

四 日本开放政府数据利用保障机制分析

（一）供给层面的保障机制

1. 数据资源

基于《开放数据基本指南》中对开放数据的设想，日本政府对数据开放范围、使用规则、发布格式以及更新规则等问题做出了相应规定。同时，中央政府通过为地方政府免费发布开放数据工具包，提供推荐的数据集以及支持性、指引性文件，进一步为地方政府开放数据行动提供便利和协助。

2. 数据管理

数据已经成为社会发展的核心资源（黄璜、成照根，2019）。为了提高数据管理水平以及与开放数据相关的行政操作效率，日本政府积极推动跨区域数据利用行为，构建成果共享网络，鼓励政府间合作，从而改善日本开放数据的管理与服务水平，保障高质量与高价值数据的持续披露与利用。

3. 平台建设

日本数据开放门户网站 data. go. jp 已于 2014 年 10 月 1 日起全面运行，后变更为 data. e-gov. go. jp 电子政务数据门户网站。截至 2023 年 4 月 26 日，该网站共上线数据集 22222 个，涉及 23 个组织机构，包含 17 个数据集组别。该网站负责整合不同政府部门及相关机构的开放数据，并向数据提供者和数据用户提供一个便捷浏览及开放获取的综合性平台，集数据发布、案例共享、反馈合作等功能于一体，充分满足了开放政府数据供给方与需求方之间的线上互动需求。除此之外，日本数字厅官方网站 digital. go. jp 也承担起日本数字化转型的平台服务工作，聚焦政策宣传、政策评估、业务简报等功能，旨在实现全民受益于数字化的社会。

4. 人才资源

日本注重培养国民的基本数字素养以及优质专业人才，并通过产学研三位一体的相互配合使数据利用人才更具创造力和实用性（周梦洁，2016），以人才资源输送的形式为整个开放政府数据的利用推进实践的持续性提供保障。除此之外，日本还采取了派遣人力资源（开放数据布道者、区域信息化顾问）和提供技术培训等人才支持举措协助地方政府。

5. 组织架构

为了保证有强有力的机构来领导日本信息通信政策的制定与实施，2000年日本政府正式成立 IT 综合战略总部统筹整个信息化战略建设（朱庆华，2009），并设定首相为该部部长。自此，中央层面日本开放政府数据的组织保障体系得到初步确立。基于社会文化中对政府行政职能及组织定位的认知，开放政府数据生态系统的建立离不开高级管理者的驱动（Harrison et al.，2012）。2009 年日本首次设立了副首相级的首席信息官（Government Chief Information Officer，GIO）职位。与整个社会的数字化并行，政府首席信息官作为日本开放政府数据行动的"指挥塔"，聚焦将数据技术引入传统行政管理模式，其职责除了优化政府信息系统外，在促进政府数字化转型以及多元主体对公共数据的二次活用方面也发挥着领导作用，从战略层面保障日本开放政府数据利用工作的稳步推进，助推公共数据价值的进一步实现（见图 2）。除此之外，自 2021 年起，基于《数字社会形成基本法》《数字厅设置法》的施行，日本数字厅正式成立，主要负责与建设日本数字社会相关的行政事务，包括数字社会基本方针、重点计划的起草、制定、推行等，与政府首席信息官一起致力于日本数字化转型进程的推进。

（二）需求层面的保障机制

1. 公民

公民意识到政府开放数据是减少供需双方信息不对称性影响的前提（Wang et al.，2019）。在开放政府数据建设初期，日本政府通过意见征询网站（IdeaBox）以及新媒体渠道针对公共问题和政策广泛征求公众意见（高大伟，2017）。之后为了进一步挖掘开放数据的潜在需求，《世界最先进 IT 国家创建宣言·官民数据活用推进基本计划》规定各府省厅持续更新和利用行政部门所拥有的数据清单及其披露状况，努力收集来自官民数据咨询窗口的数据开放请求，从而便于在了解用户需求后根据实际需要进行数据披露，使开放政府数据的规划布局趋向合理。在面向公众的开放政府数据利用推进措施中，日本政府还通过采纳与人们日常生活工作密切相关的开放数据利用成果，如全国性中暑风险警告器、狛江市的无障碍导航、Coai-do119 急救信息共享网络等，切实提高公共服务质量，进而鼓励公众自发性

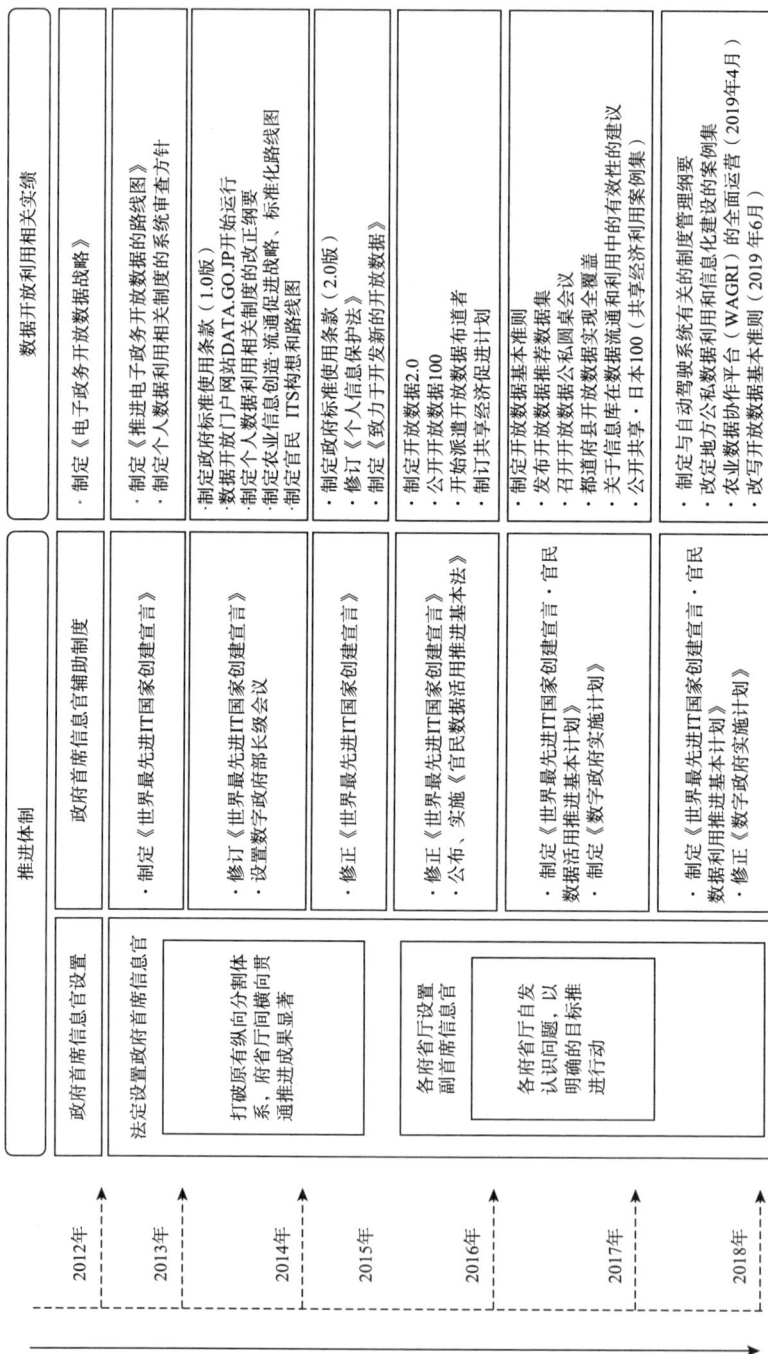

图 2　日本政府首席信息官制度发展历程及其在政府数据开放利用方面的工作续绩

资料来源：日本IT战略综合总部网站。

年份	推进体制		数据开放利用相关实绩
	政府首席信息官设置	政府首席信息官辅助制度	
2012年	法定设置政府首席信息官 打破原有纵向分割体系，府省厅间横向贯通推进成果显著	·制定设置政府首席信息官《世界最先进IT国家创建宣言》	·制定《电子政务开放数据战略》
2013年		·修订《世界最先进IT国家创建宣言》 ·设置数字政府部长级会议	·制定《推进电子政务开放数据的路线图》 ·制定个人数据利用相关制度的系统审查方针
2014年		·修正《世界最先进IT国家创建宣言》	·制定政府数据标准使用条款（1.0版） ·数据开放门户网站DATA.GO.JP开始运行 ·制定个人数据利用相关制度的改正纲要 ·制定农业数据创造信息流通促进战略、标准术利用路线图 ·制定首尔民 ITS构想利路线图
2015年		·修正《世界最先进IT国家创建宣言》	·制定政府数据标准使用条款（2.0版） ·修订《个人信息保护法》 ·制定《致力于开发新的开放数据》
2016年	各府省厅设置副首席信息官 各府省厅自发认识问题，以明确的目标推进行动	·修正《世界最先进IT国家创建宣言》 ·公布、实施《官民数据活用推进基本法》	·制定开放数据2.0 ·公开开放数据100 ·开始派遣开放数据开放布道者 ·制订共享经济促进计划
2017年		·制定《世界最先进IT国家创建宣言·官民数据活用推进基本计划》 ·制定《数字政府实施计划》	·制定开放数据基本准则 ·发布开放数据推荐数据集 ·召开开放数据公私圆圈会议 ·都道府县开放数据实现全覆盖 ·关于信息库在数据流通利用中的有效性的建议 ·公开共享·日本100（共享经济利用案例集）
2018年		·制定《世界最先进IT国家创建宣言·官民数据活用推进基本计划》 ·修正《数字政府实施计划》	·制定与自动驾驶系统有关的制度管理纲要 ·改定地方公私数据利用利信息化建设的案例集 ·农业数据协作平台（WAGRI）的全面运营（2019年4月） ·改写开放数据基本准则（2019年6月）

参与活动（如使用反馈、数据上报等），营造积极利用开放政府数据的社会氛围。结合日本最新数字化改革相关政策可知，日本对公众需求及其实际决策参与情况的重视，在政治参与维度已形成良好的社会开放生态，这一理念也由开放数据工作延续到日本未来数字化社会改革中。

2. 私营部门

私营部门在开放政府数据价值释放方面发挥着重要作用。在日本开放政府数据实践的后续改进工作中，日本将"披露满足私营部门需求的开放数据"作为其政策重点之一，要求通过 API 发布私营部门所需的数据，并持续举办开放数据公私部门圆桌会议，在开放数据需求方和公共数据保有者、管理者之间建立直接对话机制，对开放数据工作进行评估改善（见图3）。除此之外，日本还通过成立由工业界、政府和学术界共同发起的开放数据流通推进联盟，在政府部门与私营部门之间搭建了便于开放数据二次利用的开放数据流通链，从而创造更具实用性、便利性的公私部门价值共创环境。目前，开放数据流通推进联盟已由一般社团法人开放与大数据利用地方振兴推进机构（VLED）接管。

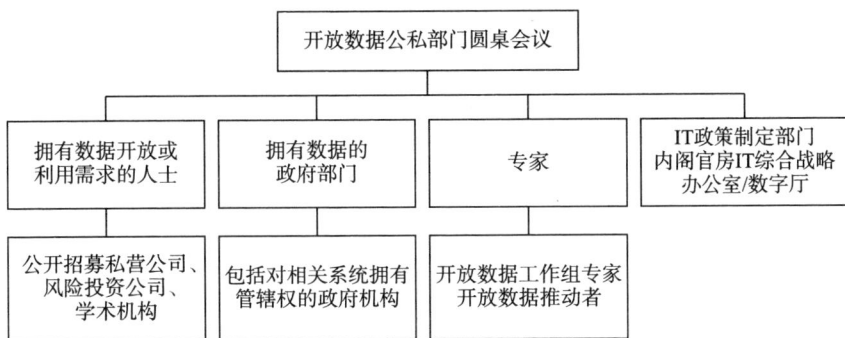

图3 日本开放数据公私部门圆桌会议组织结构

3. 其他利用主体

除公民与私营部门的数据利用需求外，日本政府在推进开放政府数据深化利用的过程中还兼顾其他利用主体的现实需求。大学、研究机构、社会组织等利益相关者均可通过开放数据公私部门圆桌会议等渠道与政府部门进行跨界交流。同时，为满足老年人、残障人士等数据利用弱势群体的需求，日本国土交通省（MLIT）建立了一个开放数据站点，该站点可以为人们生成无障碍地图，从而更好地服务于这类群体的日常使用。在"Open Data 100"当前公布的案例集中，也有大量应用同时关注高龄用户的使用，利用先进技术激活老龄化市场，使老年人可以在安全、有保障的社会环境中更好地生活。

（三）环境层面的保障机制

1. 政治环境

制度环境是影响开放政府数据政策扩散的关键因素之一（吴金鹏、韩啸，2019）。开放政府数据实践需要极大的资源投入力度（才世杰、夏义堃，2015），因此，日本在初期发展阶段首先完成了中央层面的制度体系建设，为其后的资源调控行动奠定了坚实的组织基础。

日本的开放数据计划始于 2012 年制定的《电子政务开放数据战略》，在谋求充实开放数据相关的各种政策制度的同时促进了中央和地方政府的数据公开。2013 年 10 月，日本各府省首席信息官联络会议发布《日本开放数据宪章行动计划》，承诺努力开放关键数据集与高价值数据集，吸纳国际社会的参与，共同促进开放数据的利用。2015 年，日本发布《致力于开发新的开放数据》，明确将开放数据的利用嵌入问题解决之中。2020 年 3 月，日本发布的《促进开放数据利用的未来措施》对未来政策机制的改进方向做出了明确规划。2020 年 12 月，《为实现数字社会而改革的基本方针》《数字政府实施计划》等文件陆续出台，为日本推行数字化改革、促进数据开放利用的执行举措进一步提供了制度保障。除此之外，在日本开放政府数据利用推进进程中，对地方政府的支持一直是其政策举措重点关注的部分。在政策层面，日本内阁官房于 2015 年发布《地方政府开放数据推广指南》，进一步推广地方政府数据开放工作，并使所开放数据尽量贴近国民的需求。随后，日本陆续更新了《地方政府数据利用指南 2.0》《让我们开始开放数据——简易指南》《让我们开始吧！地方开放数据公私部门圆桌会议》《开放数据支持机构对地方政府支援的实施指南》等文件。日本为保障地方层面开放数据工作所发布的一系列政策规划和工具指南，为地方政府数据开放工作的深度发展奠定了基础。

日本开放政府数据制度建设，既充分发挥了顶层设计逻辑下的政府资源优势，又兼顾地方政府数据披露与利用的主动性，全面提高政府公共服务供给水平，营造开放政府数据积极利用的社会文化氛围，为开放政府数据持续性发展提供制度保障。

2. 法律环境

清晰的法律框架是保障政府数据开放与利用可持续性的重要因素。《日本国宪法》对表达自由的保护为开放政府数据奠定了坚实的法律基础。《信息技术基本法》明确提出，日本建立世界一流的信息和通信网络，旨在促成一个能够在各个领域实现创造性蓬勃发展的社会。随后，2001 年"电子日本"战略开始推进，2003 年该战略的重点转向 IT 利用，为日本在重视开放政府数据的利用方面奠定了基础。

在推进开放政府数据利用的过程中，正确认识数据利用的收益和风险是制定相关法律规范的一个重要出发点。政府开放数据的不合理利用存在一定程度的信息安全隐患。为此，日本政府制定了一系列法律法规对隐私安全问题进行规范和保障。2014 年制定的《网络安全基本法》以加强数据流通的网络安全为主旨。2015 年修订的《个人信息保护法》提出，日本在加强个人信息保护方面建立了一套制度，将个人信息处理成匿名信息，并允许以安全的方式自由使用，以便安全地发布脱敏后的个人数据。

随着日本开放数据基础设施的不断完善，日本的开放政府数据工作重点逐渐由数据发布过渡到数据利用。2021 年 5 月前，日本开放政府数据的利用推进机制主要依据 2016 年制定的《官民数据活用推进基本法》，该法进一步明确了开放数据领域的各项制度要求，涉及日本促进官民数据①利用的基本理念、措施，并对各层级政府官民数据利用基本计划的制订与施行做出规定。该法还特别提出设立官民数据利用促进战略委员会以促进公私数据活用，并在信息与通信技术的使用上采取必要措施，着力解决利用机会不平等以及利用能力差异等问题。随着《数字社会形成基本法》《数字厅设置法》等文件的正式施行，日本数据开放利用工作进一步被纳入数字社会建设整体规划之中，鼓励旨在优化公共服务供给、促进数字经济发展的

---

① 除有可能损害国家安全、妨害公共秩序以及给公众安全保护带来障碍的信息外的"电磁性记录"上的"信息"，国家、地方公共团体、独立行政法人或者其他运营者在运行其事务或事业之际，可管理、使用或提供的数据。

数据增值利用活动。

政府数据开放的法律框架以政府与其他主体的多元互动关系及其所处的制度环境为焦点，以协商方式构建政府数据开放的网络和关系契约（何渊，2017）。日本开放政府数据法律治理体系的建设，兼顾对国家政治、经济及社会环境的考量，以供需匹配为导向，为数据开放与利用生态的可持续发展奠定了坚实的法律基础，切实推进开放政府数据利用的深化。

3. 经济环境

近年来，由于国际金融危机、东日本大地震以及福岛核泄漏事故等原因，日本经济发展长期处于滞缓状态，且高龄少子化问题极大地加深了国家财政负担（陈志恒、丁小宸，2018）。但作为发达国家之一，日本经济实力仍然强大。日本内阁官网最新统计数据显示，2022年日本实质GDP数据为545.8万亿日元，名义GDP数据为556.4万亿日元，仍居世界前列。日本所展现出的强大经济实力，为开放政府数据实践推进提供了相对稳定的经济环境，且由高龄少子化导致的悲观经济预期更促使日本政府积极寻求社会问题解决方案，落实以推进开放政府数据利用为导向的经济振兴战略。

4. 技术环境

在技术研发方面，在政府的有效引导下，日本正积极搭建多元主体跨领域技术创新平台。这种以官产学研一体化为核心特色的日本科技创新体系，有利于推动技术成果向现实生产力的转化（沈燕、刘厚莲，2020），为处理复杂的新兴社会问题提供了很大潜力（Fujisawa et al.，2015）。从技术层面看，日本技术积累极为雄厚（金京淑、马学礼，2015）。2018年版的《信息通讯白皮书》提到了开放数据流通环境的整备，通过挖掘通信技术的经济潜力进一步助推日本开放政府数据价值释放，为开放政府数据利用的深化推进提供了适宜的技术环境。由此可见，日本政府依靠其完善的科技创新体系，顺应世界技术发展浪潮，构建多样性融合的可持续社会。

5. 社会环境

当前严峻的高龄少子化现象所衍生的种种结构性问题已经成为制约日本社会发展的关键因素。因此，为实现"100%终身活跃"的社会目标，日本积极推进工作方式改革计划，大力推动基于开放数据的技术升级与业务拓展，促进老龄人口知识与智慧的继承与复兴。随着社会结构的变化以及信息与通信技术的普及，考虑到不同群体在信息数据获取与利用能力上的差异性，即所谓的"数字鸿沟"，日本基于《数字程序法》的要求，从整体出发，强调"数字包容"，鼓励利用开放政府数据使所有人在任何情况下都能够享受数字化社会的便利，改善国民生活并刺激经济发展。

（四）多维因素协同作用

数据需求是开放数据计划未来可持续实施的关键因素（Riabushko，2015）。在开放政府数据生态系统中，需求因素的存在促使政府开放数据，并伴随着系统内部供需因素的平衡互动趋向，推动开放政府数据向高质量、高价值数据的披露与利用进步，即有效供给的扩大。同时，供给与需求因素的互动始终处在一定的环境之中，受到环境条件的制约，亦反过来影响环境。既有研究表明，在复杂的管理实践中，影响开放政府数据利用的因素之间往往相互依赖，而非独立存在于整个开放政府数据利用的生态系统中，政府、数据利用者、普通公众和外部环境的作用共同决定着开放数据的最终效果（郑磊，2015a）。多元主体之间相互联动构成开放政府数据的供需系统，并与环境因素协同作用，促进开放政府数据利用效果的有效实现。

在日本开放政府数据利用保障机制中，对利益相关者需求的充分关注，促使日本政府不断改进决策体系、优化供给机制，兼顾多方环境因素的考量，从中央层面自上而下推进开放政府数据利用实践的持续发展。在此基础上，日本通过促进开放政府数据生态系统内多维因素的有机联动，创建了更具价值释放潜力的开放政府数据利用生态，逐步向实现"100%终身活跃"的社会建设图景迈进。

五　讨论

基于生态系统视角对系统内外部因素协同互动关系的关注，日本开放政府数据工作以供给、需求、环境三条主线贯穿始终，切实保障其增值利用路径的可持续发展。学界当前对他国实践经验的学术研究已形成一定规模，主要集中于对其他国家开放政府数据的管理体系（郑振宇，2018；黄如花、陈闯，2016）、法律政策（陈朝兵、郝文强，2019；翟军等，2020）、治理模式（谭必勇、刘芮，2020；李重照、黄璜，2019a）等内容的分析与探讨。从研究内容来看，既往研究多致力于分析各国数据开放水平及其供给保障机制，而针对数据开放后政府应如何支持和推进社会利用，鲜有文献结合最新实践、政策与立法进展对开放政府数据的利用保障机制展开系统的分析。对比他国实践经验，日本在开放政府数据利用推进工作中尤其凸显了本国特色，结合本文分析框架，笔者主要从央地互动保障供给、兼顾多元利用者需求以及利用导向的开放政府数据生态环境培育三个特点展开讨论。

（一）央地互动保障供给

日本开放政府数据利用以政府为主要供给方，通过数据资源、数据管理、平台建设、人才资源、组织架构五个方面对开放政府数据利用实践进行了大量投入。但仅仅依靠中央层面自上而下的政策指导并不足以维系开放政府数据生态系统的多样性与可持续性，更难以适应日本在地域文化及区域发展水平上的差异。地方政府既是开放政府数据的供给主体之一，又相对于中央政府扮演着需求者的角色，促进其持有数据的开放和利用，有利于提高地方公共服务水平，刺激当地经济发展，从而实现区域振兴。为此，在基于地方分权改革对地方行政体系重构的背景下（张伯玉，2014），日本中央政府充分关注地方的自主性与自立性，将推进政府数据的开放与利用融入地方政府当前的行政改革战略规划之中，从政策、技术、人才等多个层面对地方政府进行支持，切实保障地方层面政府数据开放工作。日本开放政府数据央地互动架构如图4所示。

日本中央政府持续为地方政府提供协助，在顶层设计的保障下实现中央与地方之间的联动与合作，在一定程度上解决了地方政府推进开放数据供给的迟滞性问题，充分满足了地方层面在推进数据开放工作中的多维度需求。日本地方政府则结合地域发展特色，充分挖掘各自潜力，营造开放共享的社会文化氛围，持续拓展开放政府数据利用的深度与广度，开放数据进程推进迅速。

```
┌─────────────────────────────┐
│      官民数据利用推进战略会议      │
├─────────────────────────────┤
│       数字政府部长级会议         │          ┌──────────────────────┐
├─────────────────────────────┤          │        信息安全         │
│      新战略推进专门调查委员会      │          ├──────────────────────┤
├─────────────────────────────┤          │      网络安全战略部门      │
│    政府首席信息官联络会议        │          ├──────────────────────┤
│      辅助人员联络会议          │          │    内阁网络安全中心NISC    │
├─────────────────────────────┤          └──────────────────────┘
│      数字政府技术审查会议        │
└─────────────────────────────┘
```

中央

```
┌────────────────────┐     ┌────────────────────┐
│    IT综合战略总部       │     │       总务省         │
│                    │     │     行政管理局        │
└────────────────────┘     └────────────────────┘
┌────────────────────┐     ┌────────────────────┐
│  内阁官房IT综合战略办公室  │ ──→ │       数字厅         │
│ （主管：政府首席信息官）   │     │                    │
└────────────────────┘     └────────────────────┘
┌────────────────────┐
│   各府省的综合管理组织    │
│ （PMO：程序管理办公室）  │
└────────────────────┘
```

支持

地方

```
┌──────────────┐  ┌──────────────┐  ┌──────────────┐
│    提供工具     │  │     政策      │  │   派遣人力资源   │
│              │  │              │  │    实施培训     │
├──────────────┤  ├──────────────┤  ├──────────────┤
│ 地方政府开放数据指南│  │《地方政府开放数据推广指南》│ │  开放数据布道者   │
│ Open Data 100│  │《开放数据支持机构对地方政府│ │  区域信息化顾问   │
│ 免费发布开放数据工具包│ │  支援的实施指南》  │  │              │
│ 提供推荐数据集   │  │              │  │              │
└──────────────┘  └──────────────┘  └──────────────┘
```

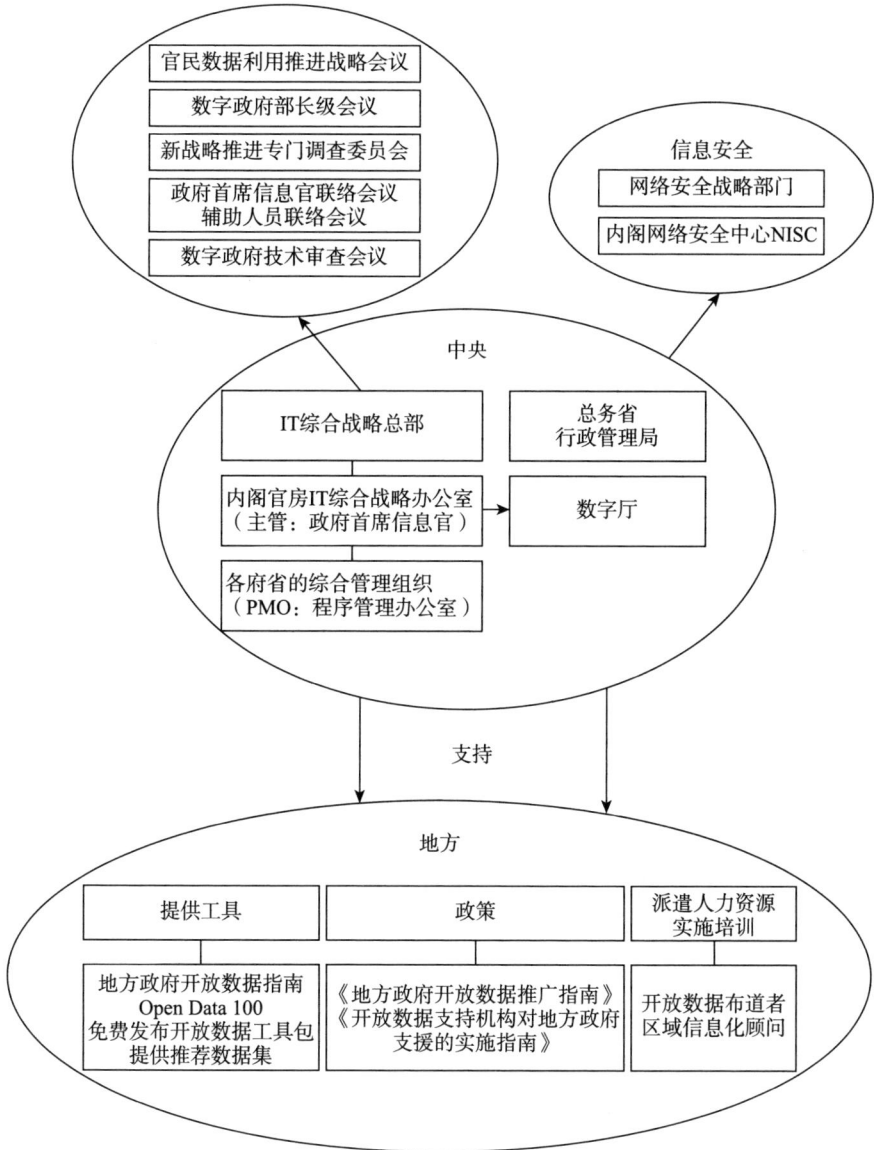

图 4　日本开放政府数据央地互动架构

（二）兼顾多元利用者需求

　　除政府在开放政府数据实践中构建的供给保障机制外，日本政府在推进开放政府数据利用工作中也十分重视对利用者需求的回应，针对不同类型利益相关者采取不同的参与激励措施，调动多元主体参与公共事务的积极性，形成了以数据利用方需求为导向的开放政府数据利用多元互动结构（见图5），畅通开放政府数据生态系统中的信息交互与反馈渠道，推进其不断优化决策体系，保障了开放政府数据生态系统的可持续性发展。

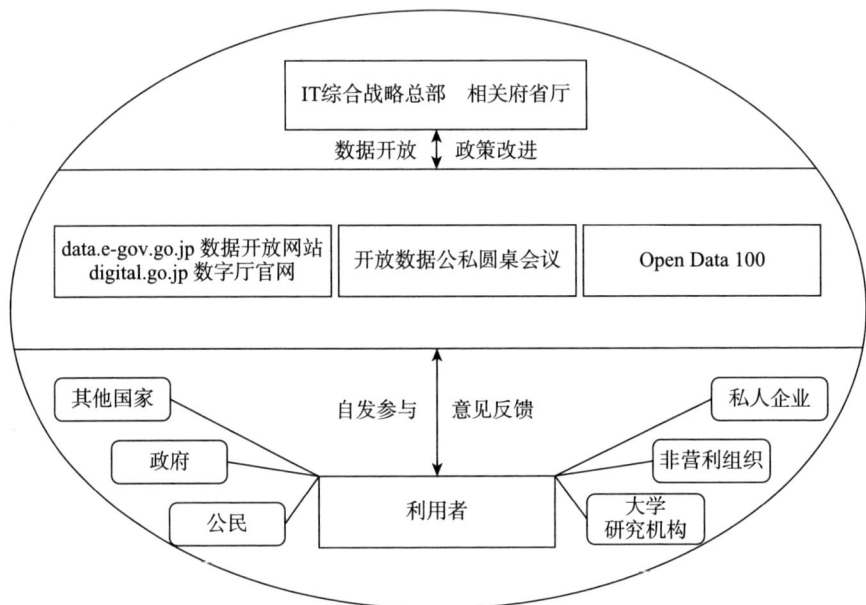

图 5　日本开放政府数据利用多元互动结构

面对利用者的多元化需求，日本以具有生态培育性质的政策设计思路为未来开放政府数据利用实践的进一步深化预留了充分的发展空间，突出表现在开放数据平台提供的具有普惠性质的数据供给服务，对私营部门及社会弱势群体数据需求的特别关注，以及营造高龄者再活跃的社会环境等方面。利益相关者在开放政府数据生态系统中进行基于数据利用的创新创造和价值交互，从而营造更具活力的数字化社会图景。

（三）利用导向的开放政府数据生态环境培育

用户对开放政府数据的利用总是处于一定的环境条件中，它们在一定程度上为合理的利用方式提供了可能，并进而深入地影响用户的利用效果（汤志伟、郭雨晖，2018）。作为国家数据资源持有主体，政府在开放数据生态系统中扮演着重要角色，开放政府数据供需因素之间的平衡需要政府充分发挥其统筹指导作用，为公共数据资源的开放与利用搭建价值流通链，保障开放政府数据生态系统的可持续发展。日本政府基于其特有的环境条件，对开放政府数据实践进行了本土化改良，切实推进了开放政府数据利用的深度发展。

除此之外，在开放政府数据制度体系的改进过程中，其他利益相关者的建议也不断促使其利用推进工作向更贴合国情国力的方向稳步发展。这种兼顾多元利用者视角的开放政府数据生态系统，体现了其积极应对社会问题的实用性政策导向，在应对复杂的社会环境变迁及突发事件治理的过程中，表现出具有适应性和回应性的公私数据综合治理能力，构建了相对完善的开放政府数据利用生态机制，从而进一步推进全民终身活跃的社会理想的实现。

六　对我国的启示

（一）以制度为保障的政府数据开放与利用能力建设

日本基于顶层设计的数据开放逻辑，充分发挥了政府在开放数据生态系统中的关键作用。与此同时，通过央地联动合作，日本也顺利完成了其国家数据开放平台的搭建与升级，以培育政府数据的开放与利用生态体系，助推公共数据社会价值的充分实现。

在制度建设层面，我国当前出台的开放政府数据相关政策还不足以有效调动地方资源，协调开放政府数据工作的全面落实。尽管我国地方层面已经根据先行实践经验出台了一部分涉及开放政府数据的政策规范，但受限于国家层面顶层制度建设的滞后，资源衔接及调动力度的缺乏，总体数据开放与利用水平还十分有限。就法制建设而言，我国当前在国家层面还没有出台专门针对开放政府数据的法律法规，在政府信息公开与政府数据开放二者的概念辨析上仍有待进一步明确。专门性立法保障的缺失使当前开放政府数据工作在我国的进展缓慢。

除此之外，我国在 2015 年发布的《促进大数据发展行动纲要》中就已提到关于国家政府数据统一开放平台的建设，然而，根据《2022 中国地方政府数据开放报告》，截至 2022 年 10 月，我国仅有 208 个省级和城市的地方政府上线了政府数据开放平台，致使当前数据开放工作缺少国家层面的统筹。地方层面政府数据开放程度参差不齐，实际利用产出与效果有限，限制了我国政府数据开放与利用的进一步发展。

尽管当前我国政府数据开放工作已取得了一定成果，但是仍需尽快完善数据开放与治理的相关法律法规及政策标准体系，着力梳理条块分割下阻碍数据开放与利用的体制机制和服务流程问题，搭建全国统一数据开放平台，加强人才供给与政府行政人员的能力建设。兼顾顶层设计逻辑下的政府资源优势以及地方政府数据披露与利用的主动性，推进我国政府数据开放与利用能力建设的进一步深化，为开放政府数据可持续发展提供制度保障。

（二）以利用者需求为导向的开放政府数据利用生态培育

综观日本开放政府数据利用实践，中央政府通过整合媒体渠道打通公众意见反馈路径，通过开放数据公私部门圆桌会议直接对接社会需求，通过"Open Data 100"为利用主体提供案例参考，在整个社会中实现了利用导向的开放政府数据生态环境培育，形成了相对平衡的数据供需良性循环。日本总务省2021年重点行动规划①也明确提出了通过社会数字化转型改善公共服务，以应对后疫情时代社会经济发展需求的战略实施趋势。除此之外，2021年6月日本内阁发布《实现数字社会的重点计划》，明确提出彻底实施PDCA循环，重点观察公众及企业针对数字化措施的满意度与使用率，旨在以需求为导向系统把握日本数字化进程的指标，深入推进数字社会建设进程。

作为数字时代对公众数据需求的有效回应，开放政府数据助推以公民为核心的新型社会治理模式的改革。目前我国开放政府数据利用产出层面仍处在起步阶段，存在利用类型单一、参与者群体有限、有效成果数量少、成果质量低等问题，在地方开放政府数据的先行实践中也有不少"重平台、轻生态"的现象存在，鲜有面向实际社会民生问题的针对性解决方案。未真正落实"需求导向、服务思路"是制约当前地方政府提升数据治理、开

---

① 参见 https://www.soumu.go.jp/menu_news/s-news/01kanbo05_02000138.html。

放及利用水平的关键因素之一。只有从根本上转变这一思想，才能真正实现开放政府数据价值的正向循环。因此，我国开放政府数据工作需要进一步识别不同群体的利益诉求，加快政府公共服务职能的转变，以现实需求为导向，推进开放政府数据的增值利用，创造更大的公共价值。

（三）以多元互动结构为基础的开放政府数据利用主体参与

Nugroho 等在比较不同国家开放数据政策中发现，开放数据前两波政策浪潮重点分别是刺激数据的开放与利用，并预测下一波政策浪潮将着重实现增值（Nugroho et al.，2015）。想要充分释放政府开放数据的价值潜力，需要在开放政府数据生态系统的建设过程中积极引导社会公民的有效关注和参与。

除政府外，我国开放政府数据其他利益相关者实际参与度十分有限。一方面，传统以政府为单一主体的组织形式很难真正兼顾其他社会群体的现实需求，缺乏畅通有效的互动沟通渠道吸纳意见反馈。另一方面，当前国内发展较为成熟的代表性利用促进活动——开放数据创新竞赛，由于技术门槛等限制条件，参与群体固化，且成果转化机制尚有待完善。除此之外，传统人才培育机制与现实社会需求存在矛盾，难以保证开放政府数据利用生态中高层次人才资源的充足供应。为此，我国需要切实改善社会主体参与环境及条件，推动教育资源与社会需求的有效对接，在政府引导下搭建多元主体创新互动平台，构建官产学研一体化的开放政府数据利用生态机制，通过社会力量的协同作用持续推进开放政府数据实践的深化发展。

七　结论

本文以日本开放政府数据实践为例，将日本为推进开放政府数据利用所制定的相关法律政策作为研究对象，基于生态系统视角，从供给层面、需求层面及环境层面构建了日本开放政府数据利用保障机制的分析框架，系统分析了其数据开放工作在利用促进方面的先进经验。在此基础上，本文进一步讨论其保障机制在我国社会背景下的适用性，推动以制度建设为保障、以利用者需求为导向、以多元互动结构为基础的开放政府数据利用生态机制的搭建，为国内开放政府数据发展提供了一些建议和参考。

当然，本文也存在一定的局限性。首先，在获取政策文本时尽管研究者已通过多种渠道收集一手、二手数据，但是受到地域因素的限制，仍存在相关政策文本缺漏的潜在可能；其次，中日两国开放政府数据实践路径存在差异，日本以自上而下的顶层设计逻辑贯穿始终，中国当前开放政府数据工作则主要依靠地方政府的先行探索。这里需要指出的是，虽然中日两国实践路径存在差异，但其均着眼于开放政府数据的增值利用，因此，日本开放政府数据利用保障机制对我国未来开放政府数据工作仍具有较大的参考价值，需结合我国现实情境挖掘其政策举措的实际适用性。

在数字化理念逐步嵌入政治、经济、文化、社会等多维环境的现实背景下，我国开放政府数据工作的深入落实未来可期。后续研究可进一步对国内各省区市开放政府数据相关政策文本中体现利用促进的内容进行系统梳理与分析，观察开放政府数据实践走向及价值实现成效，并从利益相关者视角探求政府、公民、私营部门等多元主体在推进开放政府数据利用过程中的角色定位及互动关系，同时收集实证数据，验证中日开放政府数据利用保障机制是否具有实效，能否充分发挥对开放政府数据利用的实际推动作用，创造更大的经济价值和社会价值。

参考文献

才世杰、夏义堃，2015，《发达国家开放政府数据战略的比较分析》，《电子政务》第7期。

曹雨佳、黄伟群，2016，《政府数据开放生态系统构建：以数据安全为视角》，《图书馆理论与实践》第10期。

陈朝兵、郝文强，2019，《国外政府数据开放隐私影响评估的政策考察与启示——以美英澳新四国为例》，《情报资料工作》第5期。

陈珊珊、陈玉梅，2018，《政务数据开放生态系统构建众创空间研究》，《图书馆》第7期。

陈志恒、丁小宸，2018，《日本健康产业发展的动因与影响分析》，《现代日本经济》第4期。

范佳佳，2018，《政府开放数据利用效率评估研究》，《图书馆论坛》第11期。

付熙雯、郑磊，2020，《开放政府数据的价值：研究进展与展望》，《图书情报工作》第
　　9 期。

高大伟，2017，《英、美、日政府开放数据的实践及启示》，《图书情报导刊》第 10 期。

何渊，2017，《政府数据开放的整体法律框架》，《行政法学研究》第 6 期。

胡海波、高鹏，2018，《面向用户服务的政府开放数据：一个概念性阐释框架》，《情报
　　理论与实践》第 6 期。

黄璜、成照根，2019，《"互联网 + 监管"：政策演变与模式划分》，《电子政务》第
　　7 期。

黄如花、陈闯，2016，《美国政府数据开放共享的合作模式》，《图书情报工作》第
　　19 期。

金京淑、马学礼，2015，《人口老龄化困境中的"安倍经济学"——兼评日本经济增长
　　的前景》，《现代日本经济》第 3 期。

李重照、黄璜，2019a，《英国政府数据治理的政策与治理结构》，《电子政务》第 1 期。

李重照、黄璜，2019b，《中国地方政府数据共享的影响因素研究》，《中国行政管理》第
　　8 期。

马仁杰、金一鼎，2018，《价值实现视角下政府数据利用路径研究》，《图书馆学研究》
　　第 13 期。

门理想、王丛虎，2021，《中国地方政府数据开放建设成效的影响因素探究——基于生
　　态系统理论框架》，《现代情报》第 2 期。

齐艳芬、孙钰、张家安、高志，2018，《城市政府开放数据行为影响因素实证研究》，
　　《城市发展研究》第 5 期。

沈晶、胡广伟，2016，《利益相关者视角下政府数据开放价值生成机制研究》，《情报杂
　　志》第 12 期。

沈燕、刘厚莲，2020，《中国积极应对人口老龄化：来自日本科技创新的启示》，《中国
　　人力资源开发》第 3 期。

谭必勇、刘芮，2020，《英国政府数据治理体系及其对我国的启示：走向"善治"》，
　　《信息资源管理学报》第 5 期。

汤志伟、郭雨晖，2018，《我国开放政府数据的利用：基于 CNKI 的系统性文献综述》，
　　《情报杂志》第 7 期。

汤志伟、郭雨晖、顾金周、龚泽鹏，2018，《创新扩散视角下政府数据开放平台发展水
　　平研究：基于全国 18 个地方政府的实证分析》，《图书馆理论与实践》第 6 期。

汤志伟、王研，2020，《TOE 框架下政府数据开放平台利用水平的组态分析》，《情报杂
　　志》第 6 期。

王本刚、马海群，2015，《开放政府理论分析框架：概念、政策与治理》，《情报资料工作》第 6 期。

王法硕、王翔，2016，《我国政府数据开放利用的影响因素与实现路径——一项基于扎根理论的质性研究》，《情报杂志》第 7 期。

王芳、陈锋，2015，《国家治理进程中的政府大数据开放利用研究》，《中国行政管理》第 11 期。

吴金鹏、韩啸，2019，《制度环境、府际竞争与开放政府数据政策扩散研究》，《现代情报》第 3 期。

吴金鹏、韩啸，2020，《开放政府数据何以成功？——生态关系理论视角的跨国实证研究》，《图书馆论坛》第 8 期。

翟军、李昊然、孙小荃、李剑锋，2020，《美国〈开放政府数据法〉及实施研究》，《情报理论与实践》第 8 期。

张伯玉，2014，《制度改革与体制转型——20 世纪 90 年代日本政治行政改革分析》，《日本学刊》第 2 期。

赵需要、侯晓丽、徐堂杰、陈红梅，2019，《政府开放数据生态链：概念、本质与类型》，《情报理论与实践》第 6 期。

郑磊，2015a，《开放政府数据的价值创造机理：生态系统的视角》，《电子政务》第 7 期。

郑磊，2015b，《开放政府数据研究：概念辨析、关键因素及其互动关系》，《中国行政管理》第 11 期。

郑磊，2018，《开放不等于公开、共享和交易：政府数据开放与相近概念的界定与辨析》，《南京社会科学》第 9 期。

郑磊、关文雯，2016，《开放政府数据评估框架、指标与方法研究》《图书情报工作》第 18 期。

郑振宇，2018，《发达国家政府数据开放体制机制和制度分析与启示》，《档案学研究》。

周梦洁，2016，《大数据时代日本 IT 人才培养研究》，《国际观察》第 5 期。

朱庆华，2009，《日本信息通信政策研究及其对中国的启示（Ⅰ）——日本信息通信政策的变迁》，《情报科学》第 4 期。

Chatfield，A，T. & Reddick，C. G. 2017. "A Longitudinal Cross-Sector Analysis of Open Data Portal Service Capability：The Case of Australian Local Governments." *Government Information quarterly*，34（2）：231 – 243.

Dawes，S. S.，Vidiasova，L.，& Parkhimovich，O. 2016. "Planning and Designing Open Government Data Programs：An Ecosystem Approach." *Government Information Quarterly*，

33 （1）：15 – 27.

Donker, F. & Loenen, B. 2017. "How to Assess the Success of the Open Data Ecosystem?" *International Journal of Digital Earth*, 10 （3）：284 – 306.

Fan, B. & Zhao, Y. 2017. "The Moderating Effect of External Pressure on the Relationship Between Internal Organizational Factors and the Quality of Open Government Data. " *Government Information Quarterly*, 34 （3）：396 – 405.

Fujisawa, Y. , Ishida, Y. , Nagatomi, S. , & Iwasaki, K. 2015. "A Study of Social Innovation Concepts：A Japanese Perspective. " *Japan Social Innovation Journal*, 5 （1）：1 – 13.

Geiger, C. P. & Von Lucke J. 2012. "Open Government and （Linked） （Open） （Government） （Data）. " *JeDEM – eJournal of eDemocracy and Open Government*, 4 （2）：265 – 278.

Harrison, T. M. , Pardo, T. A. , & Cook, M. 2012. "Creating Open Government Ecosystems：A Research and Development Agenda. " *Future Internet*, 4 （4）：900 – 928.

Lathrop, D. & Ruma, L. 2010. *Open government：Collaboration, transparency, and participation in practice.* Sebastopol, CA：O'Reilly Media.

Meijer, A. J. , Curtin, D. , & Hillebrandt, M. 2012. "Open Government：Connecting Vision and Voice. " *International Review of Administrative Sciences*, 78 （1）：10 – 29.

Martin, C. 2014. "Barriers to the Open Government Data Agenda：Taking a Multi-Level Perspective. " *Policy & Internet*, 6 （3）：217 – 240.

Nugroho, R. P. , Zuiderwijk, A. , Janssen, M. , & Martin, D. J. 2015. "A Comparison of National Open Data Policies：Lessons Learned. " *Transforming Government：People, Process and Policy*, 9 （3）：286 – 308.

OECD. 2005. "Modernising Government：The Way Forward. " https：//www. oecd. org/gov/modernisinggovernmentthewayforward. htm.

OECD. 2010. "Building an Open and Innovative Government for Better Policies and Service Delivery. " https：//www. oecd. org/gov/46560128. pdf.

OECD. 2022. Organization for Economic Co-operation and Development：Open Government Data. https：//www. oecd. org/gov/digital-government/open-government-data. htm.

Parycek, P. & Sachs, M. 2010. "Open Government-Information Flow in Web 2. 0. " *European Journal of ePractice*, 9 （1）：1 – 70.

Pollock, R. 2011. "Building the （Open） Data Ecosystem. " *Open Knowledge Foundation Blog*, 31：2011.

Piedrahita, A. R. , Ardila, L. M. C. , & Valencia, A. P. 2019. "Modelos De Ecosistemas De Datos Abiertos Del Gobi-erno：Un Estudio Comparativo. " *Iberian Journal of Information*

Systems and Technologies, （E22）：386 – 398.

Riabushko, A. 2015. "Open Data Initiative to Challenge the Demand Side Problem. " *Proceedings of the 2015 2nd International Conference on Electronic Governance and Open Society: Challenges in Eurasia*, 10 – 16.

Styrin, E. , Luna-Reyes, L. F. , & Harrison, T. M. 2017. "Open Data Ecosystems: An International Comparison. " *Transforming Government: People, Process and Policy*, 1 （1）：132 – 156.

Safarov, I. , Meijer, A. , & Grimmelikhuijsen, S. 2017. "Utilization of Open Government Data: A Systematic Literature Review of Types, Conditions, Effects and Users. " *Information Polity*, 22 （1）：1 – 24.

Sayogo, D. S. & Pardo, T. A. 2013. "Understanding Smart Data Disclosure Policy Success: The Case of Green Button. " Proceedings of the 14th Annual International Conference on Digital Government Research, 72 – 81.

Wirtz, B. W. & Birkmeyer, S. 2015. "Open Government: Origin, Development, and Conceptual Perspectives. " *International Journal of Public Administration*, 38 （5）：381 – 396.

Wang, D. , Richards, D. , & Chen C. 2019. "Connecting Users, Data and Utilization: A Demand-Side Analysis of Open Government Data. " International Conference on Information. Springer, Cham. 488 – 500.

Zuiderwijk, A. , Janssen, M. , Choenni, S. , Meijer, R. , & Alibaks, R. S. 2012. "Socio-technical Impediments of Open Data. " *Electronic Journal of E-Government*, 10 （2）：156 – 172.

公共数据治理中的隐私风险应对

——基于"认知－技术－治理"三重维度

杨学敏　孔楚利　连雨璐[*]

摘　要　大数据、云计算与人工智能等数字技术被广泛应用于公共治理领域，并持续推动政府数字化变革。与此同时，新技术环境下公共数据治理中的隐私风险正日益加剧，如何有效应对多种隐私风险亟须被关注和探讨。为此，本文在对现有文献与实践梳理的基础上，构建了基于"认知－技术－治理"三重维度的公共数据隐私风险应对框架，并重点阐释三者的内容蕴含与关系互动，以期为实现公共数据价值与个体隐私保护之间的有效平衡提供启发与思考。

关键词　信息隐私　公共数据治理　隐私风险应对框架　大数据

当前，我国已迈入数据治理时代（黄璜，2017），一旦政府在履行管理和服务职能的过程中对公共数据采集和使用不当，则很容易引发不可逆的隐私泄露和个人数据滥用风险，带来严重的社会信任、政府合法性和国家安全危机（Wang & Yu，2015）。例如，患者隐私信息泄露事件频发，导致当事人及家属受到严重的网络暴力。再如，个别公职人员"倒卖"公众隐私信息、政务 APP 过度采集和使用个人隐私信息等。这些都凸显了公共数据治理过程中的隐私风险正在日益加剧，并进一步引发了公众对自身数据隐私的担忧。

---

[*]　杨学敏，中山大学政治与公共事务管理学院博士候选人，研究方向为技术治理、公私合作、隐私保护等。孔楚利，中山大学政治与公共事务管理学院硕士研究生，研究方向为数据治理与隐私安全，智慧城市等。连雨璐，北京大学政府管理学院硕士研究生，研究方向为数据安全和隐私治理，公共部门数字化转型，大数据与公共治理等。

对此，公共数据治理中的隐私保护成为各方广泛关切和博弈的重要议题（张成福、谢侃侃，2020）。一方面，公共数据利用和个体隐私保护之间的张力越发凸显（王锋，2021），效率主导逻辑引致的隐私风险日益严峻，但涉及包括个人信息保护在内的数据权利体系却仍显薄弱（Wu，2014）。另一方面，针对小数据（small data）的传统隐私保护技术在大数据时代日益显得捉襟见肘。这些都表明，拥有海量公共数据的政府组织在隐私再界定、隐私保护制度安排和技术防范等方面都面临着结构性制约，难以适应当前公共数据治理过程中面临的隐私风险。

基于此，建立更具适应性的公共数据隐私风险应对体系是当前极为重要且紧迫的政策议题，这不仅指向技术控制手段，更需要从认知和治理层面系统推动观念和机制的深层次变革，从而寻求多方利益主体之间的有效平衡。为此，本文尝试回答：公共数据治理中隐私风险应对的实践与研究现状是什么，如何构建更具适应性的公共数据隐私风险应对框架。对此，本文首先回顾了我国公共数据治理过程中隐私风险应对的实践与研究；接着，尝试将公共数据隐私风险应对置于总体性的国家治理体系中进行思考，构建了一个基于"认知－技术－治理"三重维度的应对框架；最后，本文集中探讨基于公共治理视角构建的公共数据隐私风险应对框架的核心价值与政策启示。

一 公共数据治理中的隐私风险应对：实践与研究

（一）我国公共数据治理中的隐私风险应对实践

从 1982 年《中华人民共和国宪法》规定公民的人格尊严不受侵犯、住宅不受侵犯、通信自由和通信秘密受法律保护起，我国逐步建立起散见于宪法、民法、刑法等基本法律的个人隐私权利保护法律框架，体现了前信息时代注重保障个体隐私权利的原则。这一时期隐私保护实践大多关注物理隐私而疏于数据隐私保护。随着大数据时代的到来和政府数字化转型，国家和地方层面陆续颁布了一系列法律、政策规范、管理办法与标准等，逐步重视数据隐私并探索如何在保障个体隐私权利的同时激活公共数据开放创新（高富平，2018）（见表1）。

然而，当前我国在公共数据治理过程中的隐私风险应对仍面临双重挑战。基于"知情－同意"原则的隐私保护私法逻辑越来越难以应对大数据时代公共数据价值化需求，也难以为公民隐私控制提供实质性保障。对此，即便是国家层面出台的《个人信息保护法》也未能突破窠臼。政府数据治理的公共性与公民数据隐私权的私人控制性之间面临越来越难以调和的矛盾，导致个体数据隐私保护效率低下、政府陷入执法困境。此外，在数字经济发展背景下，地方缺乏兼容性的公共数据管理标准和技术解决方案，容易造成地方间、行业间数据隐私保护壁垒。

在组织架构与管理机制方面，目前新成立的全国公共数据管理机构面临诸多挑战，而地方性公共数据管理机构也缺乏有力抓手。一方面，这些机构部分隶属于政府直属机构，而非独立性数据管理部门。在整合分散的信息化部门的基础上，现有机构大多对部门职能进行简单增减而非有机融合，这容易导致专门性的数据管理机构与各职能部门之间权责模糊、相互推诿。另一方面，地方性公共数据管理机构存在技术与人力资源不足等问题，这也使得政府在应对公共数据治理过程中的隐私风险时更加捉襟见肘。2021年5月，广东省印发《广东省首席数据官制度试点工作方案》，全国首设政府"首席数据官制度"。随后，浙江省、江苏省等地也陆续开展"首席数据官制度"改革试点，但仍面临权责难以有效落地、部门间协同难等执行困境。

上述在法律与政策、组织架构与管理机制等方面面临的困境都导致各级政府在应对公共数据治理中的隐私风险时出现缺位，亟须从理论和实践上探索建立更加立体化的、适应性的公共数据隐私风险应对框架，以期在保护个体隐私权利的基础上更好地释放公共数据的价值。

表1 个人隐私保护的相关法律法规体系梳理

阶段	维度	通过时间	内容
前信息时代	法律	1982 年	《中华人民共和国宪法》
		1986 年	《中华人民共和国民法通则》
		2003 年	《中华人民共和国身份证法》
		2006 年	《中华人民共和国护照法》
		2009 年	《中华人民共和国刑法》

● 立法实践总体起步较早，强调以"知情－同意"为核心的隐私权利保护，但这一时期大多关注物理隐私保护，疏于对数据隐私的保护。

续表

阶段	维度	通过时间	内容
大数据时代	法律	2016 年	《中华人民共和国网络安全法》
		2018 年	《中华人民共和国电子商务法》
		2020 年	《中华人民共和国民法典》
		2021 年	《中华人民共和国数据安全法》
		2021 年	《中华人民共和国个人信息保护法》
	全国性办法/标准/规范/指南等	2012 年	《全国人民代表大会常务委员会关于加强网络信息保护的决定》
		2017 年	《信息安全技术 个人信息安全规范（GB/T 35273—2017）》
		2019 年	《个人信息出境安全评估办法（征求意见稿）》
		2020 年	《信息安全技术 个人信息安全影响评估指南（GB/T39335—2020）》
		2020 年	《信息安全技术 个人信息安全规范（GB/T35273—2020）》
		2021 年	《网络数据安全管理条例（征求意见稿）》
		2021 年	《网络安全审查办法》
		2021 年	《要素市场化配置综合改革试点总体方案》
		2022 年	《关于构建数据基础制度更好发挥数据要素作用的意见》
		2022 年	《数据出境安全评估办法》
		2022 年	《数据安全管理认证实施规则》
		2022 年	《个人信息保护认证实施规则》
		2022 年	《信息安全技术重要数据识别指南（征求意见稿）》
		2022 年	《网络安全标准实践指南—个人信息跨境处理活动安全认证规范》
		2021 年	《移动互联网应用程序个人信息保护管理暂行规定（征求意见稿）》
		2022 年	《信息安全技术 人脸识别数据安全要求》 等 14 项国家标准
		2023 年	《数字中国建设整体布局规划》
		2023 年	《个人信息出境标准合同办法》
大数据时代	地方性办法/标准/规范/指南等	2016 年	《政府数据 政府数据分类分级指南（贵州省地方标准DB52/T 1123—2016）》
		2019 年	《北京市公共数据管理办法（征求意见稿）》
		2019 年	《上海市公共数据开放暂行办法》
		2020 年	《浙江省公共数据开放与安全管理暂行办法》
		2021 年	《上海市数据条例》
		2021 年	《深圳经济特区数据条例》

续表

阶段	维度	通过时间	内容
大数据时代	地方性办法/标准/规范/指南等	2021 年	《数字化改革 公共数据分类分级指南》（浙江省地方标准 DB33/T 2351—2021）
		2021 年	《广东省公共数据管理办法》
		2022 年	《浙江省公共数据条例》
		2022 年	《重庆市数据条例》
		2022 年	《江苏省数据出境安全评估申报工作指引（第一版）》
		2023 年	《上海市信息基础设施管理办法》
		2023 年	《深圳市数据产权登记管理暂行办法》
		2023 年	《杭州市公共数据授权运营实施方案（试行）》（征求意见稿）

● 开始对数据隐私予以重要关注，从强调一元的隐私权利保护转变为寻求数据开放创新与个体隐私权利之间的二元平衡。

（二）我国公共数据治理中的隐私风险应对研究

大数据时代公共数据治理过程中的隐私风险应对研究注重于跨学科探讨，尤其集中于法学、信息科学与政治学等学科，并由此呈现三个重要的研究方向（见表 2）。

最初，隐私风险应对议题研究主要集中于法学领域，研究者们侧重于从隐私权的"个人控制模式"来讨论隐私风险应对，其富有争辩性的主张主要体现在隐私权不仅包含对个体人格尊严和自由意志的防御性保护，也应包含个体对自身隐私涉及的财产权实施的积极控制（Janger & Schwartz，2001）。由此，如何基于隐私权的复合属性来保护个人隐私成为隐私保护立法早期的一个核心争论。随后，研究者相继提出"利益再衡量说"（张新宝，2015）、"社会控制论"（高富平，2018）、"基于场景的风险管理模式"（范为，2016）和"回应型个人信息问题治理说"（郭春镇、马磊，2020）等应对框架，其核心的理论主张在于从法理和司法实践上再界定个人隐私概念，并强调要由基于知情同意原则的"个人控制模式"转向综合衡量个人信息的社会公共性、多重价值和使用场景的"社会控制模式"。更进一步，有研究认为，公共数据治理中的隐私风险应对应突破"个人控制模式"与"社会控制模式"，建立基于数字资本运作逻辑的数据权利保护机制（郑智航，2021），推动公共数据充分流动、共享、开放和利用，并将公共数字资产收益分享给社会成员，对过程性风险和责任分别进行规制和再分配。

随后，新技术环境中的隐私风险越来越成为研究者们的重要关切。技术逻辑催生下的个体"日常行为数字化"和"信息隐私化"趋势越来越突出（王俊秀，2020），且越发复杂隐秘。在信息科学视角下，已有研究重点关注公共数据治理过程中的"数据生命周期理论"和"隐私融入设计"技术原则（Privacy by Design，PbD）。一方面，设计预测和识别公共数据收集、使用与发布、安全和销毁等不同阶段特定隐私风险的数据生命全周期管理模型；另一方面，发展面向公共服务设计、生产和提供全流程的"隐私友好型"信息系统、适应性的隐私影响评估体系（PIA）和主动式隐私管理技术（Wright et al.，2013），为大数据时代应对公共数据治理中的隐私风险提供数据管理与技术支撑。

在此背景下，政治学视角则更加关注国家－公民关系视野下，新技术变革与国家权力的互嵌可能带来的"技术利维坦"，并通过算法决策加剧透明社会中公民个体"不自由""被设计"等伦理困境和相应的隐私风险（陈仕伟，2019）。为此，一方面，在政治文化观念上，已有研究主张从关注技术权力的传统功利主义转向社会价值权衡观，调和技术效率和民主自由之间的张力，以一种公平正义的方式最大限度地增进集体隐私保护；另一方面，在技术嵌入提升数字化国家能力的同时，警惕技术"自主性"对国家治理复杂性的单一化简和对公民人格自由的潜在侵犯（彭亚平，2018），从而寻找技术、政治与公民隐私权之间的最大公约数。

表 2　公共数据治理中的隐私风险应对研究

学科视角	隐私风险	应对方向
法学	●基于隐私权复合属性来识别和定义隐私风险，指向个体信息的失控对其人格权和财产权可能造成的消极后果	●利益再衡量说 ●社会控制论 ●基于场景的风险管理模式 ●回应型个人信息问题治理说 ●数字资本运作逻辑下的个人数据权利保护

学科视角	隐私风险	应对方向
信息科学	●新技术发展促成个体"日常行为数字化"和"信息隐私化",隐私风险更具泛在性和隐秘性	●数据生命周期理论 ●"隐私融入设计"技术原则
政治学	●政治权力与技术"自主性"结合形塑透明社会,可能导致公民个体"不自由""被设计"等伦理困境,全面侵蚀个体隐私	●权变主义与价值权衡 ●技术赋权与国家自主性

来源:作者自制。

综观已有研究,从学科分布来看,大数据时代公共数据治理过程中的隐私风险应对研究主要集中于法学、信息科学与政治学等领域,但从公共管理的学科视角开展的研究相对较少。实际上,公共治理作为国家治理的核心子范畴(王浦劬,2014),在应对日益扩大化的公民隐私风险方面具有不可替代的作用。从研究内容上看,法学视角多关注大数据时代的隐私权及其法理内涵变迁;信息科学视角则主要偏重于从技术微观层面来探讨新技术环境下的隐私风险及相应的技术保护手段;政治学视角则关注宏观层面的数字化国家能力和技术自主性,以及权力与技术结合可能带来的伦理困境等。但已有研究对于中观层面与公民隐私保护紧密相关的具体治理机制、组织制度与认知思维的研究较少,缺少对当前现状更具回应性的政策探讨。由此,迫切需要基于公共管理的学科视角,将公共数据治理中的隐私风险置于总体性的国家治理体系中进行衡量,将"管理"带回来,系统构建基于"认知-技术-治理"三重维度的公共数据隐私风险应对框架。

二 构建基于"认知-技术-治理"三重维度的公共数据隐私风险应对框架

在公共数据隐私风险应对中,公共管理视角主要关注政府主体的角色与行为,而政府数据权力与公民隐私权利之间的相对关系是其核心关切。具体而言,一方面,该视角首先关注政府数据权力如何认知和界定公民个体隐私权利与公共数据增值的关系,并在此基础上设计适应性的公共政策,以确定政府与公民之间的权、责、利相对关系;另一方面,该视角也关注政府对自身的内部治理（王浦劬，2014），要求在隐私权利认知基础上，从治理体系层面来匹配相应的政府数据权力运行机制、组织结构与资源等，以更有效地应对公共数据隐私风险（程啸，2018）。此外，基于公共数据治理中隐私风险所蕴含的技术特性，如何通过技术性代码规制（code-based regulation）和安全嵌入设计程序来保护公民的隐私权利同样成为公共数据治理的重要内容。因此，从公共管理视角的理论逻辑出发，本文围绕"认知－技术－治理"三重维度，对公共数据治理中的隐私风险应对框架进行整体性建构（见图1），以回应当前面临的多重困境。

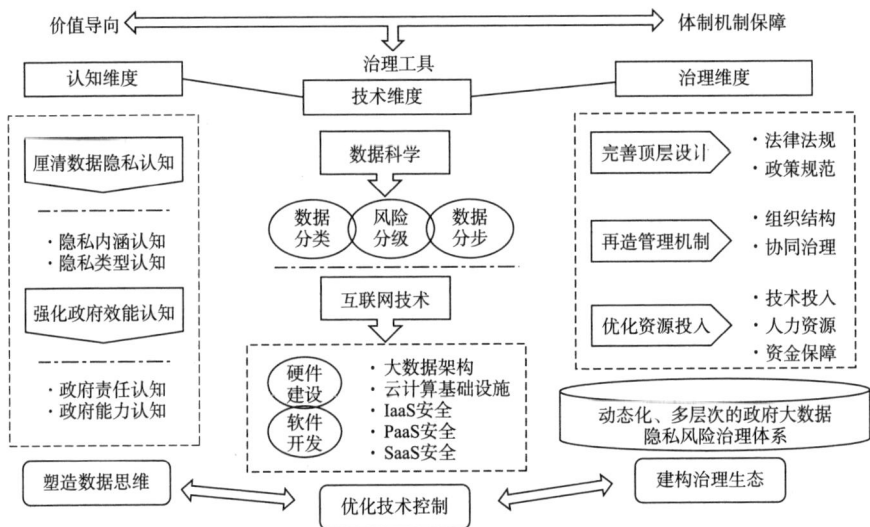

图1 构建基于"认知－技术－治理"三重维度的公共数据隐私风险应对框架
来源：作者自制。

具体而言，认知维度关注数据隐私认知和政府效能认知，是政府应对公共数据治理中隐私风险的组织观念基础。一旦政府的隐私认知滞后或出现偏差，则容易产生密集、叠加和流动的系统性隐私风险。技术维度则以数据管理为出发点，主张基于数据科学与互联网技术两个角度的微观层面分析技术控制手段在应对公共数据治理隐私风险中的作用。治理维度则分析政府组织及公共管理者如何从顶层设计、管理机制与资源投入等组织设计角度着手来有效应对公共数据治理中的隐私风险。由此，本研究将隐私风险应对全面嵌入公共治理的结构与过程之中，以寻求政府数据权力和个体数据权利之间的关系平衡，推进政府治理能力现代化。

（一）认知维度

政府及公共管理者需进一步明确个体隐私保护的价值取向，在此基础上强化自身对数据隐私认知和政府效能的认知，从而为有效平衡数据治理过程中的隐私风险与公共利益提供底层的知识与观念基础。

1. 数据隐私认知

针对数据隐私内涵认知，政府及公共管理者需要突破隐私的人格权属性和财产权属性来建立更具关系性的"数据思维"，充分认知大数据时代个人数据隐私权利的法律属性与权利内容。一方面，基于人格权和财产权属性认知保护个人数据隐私，实现数据权利"静的安全"；另一方面，基于数据的生产要素属性认知推动数据流动、交易和数据增值集体共享，推动数据"动的安全"（郑智航，2021），最终以增加整体社会财富。

针对隐私类型认知，政府及公共管理者需要建立涵盖数据隐私、个人隐私以及通信隐私等在内的更为丰富的隐私类型认知。伴随着数字化革命带来的互联网与新技术发展，数据收集、存储、处理和利用的成本大为降低，这使得个人信息极易被大规模采集、存储，甚至被循环多重利用，个人信息的潜在失控程度日益加剧。由此，充分识别数据隐私、个人隐私和通信隐私等新兴隐私类型有助于政府在数据治理过程中更好地应对隐私风险。

2. 政府效能认知

政府效能认知主要包含政府责任认知与政府能力认知，指向政府保护公众隐私与促进数据治理的责任与能力要求。

针对政府责任认知，政府及公共管理者需加强其在个人信息收集、分享、开放与利用过程中的主体责任意识，这是应对政府数据治理过程中隐私风险的重要前提。政府在行政权力行使的过程中多基于功能主义立场，将公民隐私权利置于次要位置，对公民数据信息进行过度采集、共享与开放，以期通过对个人数据信息的利用来更有效地达成行政目标。为此，在涉及政府、企业和公民等多个利益主体的隐私风险应对当中，政府及公共管理者亟须建立更加负责任的认知观念和价值取向，以更好地实现数据创新与隐私保护之间的利益平衡。

针对政府能力认知，需加强其对自身在数据治理各个环节的能力认知。传统部门管理的割裂性与碎片化导致政府在应对隐私风险时难以形成合力，迭代升级的大数据溯源技术使得个人隐私泄露更加隐秘和多元，而数据确权、定价、权益分配等数据要素管理机制更亟待补充。这些都对政府在大数据时代下的数据治理能力提出了更高要求。对此，政府亟须增进对自身数据治理能力的评估与认知，为进一步增强"循数"治理能力提供认知基础（Bertot et al.，2014）。

（二）技术维度

面对公共数据治理中的多元化隐私风险，技术维度主张从数据科学与互联网技术两个层面来优化技术控制手段：前者借鉴 ISO/IEC 27001 信息安全管理体系（ISMS）完善政府大数据分类、分级和分步机制，推动隐私风险管理转向情景式风险管理；后者则利用技术工具以流程式审查公共数据生命周期各个环节存在的隐私风险点，为保护个体数据隐私提供硬件环境和软件系统保障。

1. 数据科学：数据分类、风险分级、数据分步

第一，完善公共数据"数据分类"标准体系。即按照公共数据具有的某种共同属性或特征，采取一定的原则和方法进行区分和归类，以便于管理和使用公共数据。数据分类目的在于"根据重要性和敏感性给数据分配标签，对数据安全保护过程规范化和层次化"（Stewart et al.，2015），这有助于公共数据规范使用、确定权限配置并预警潜在隐私风险，进一步推进数据安全策略的可退出机制。

第二，构建公共数据"风险分级"评定模式。即在数据分类基础上，根据场景所需预设划分规则，对公共数据进行等级评定。一般性的分级规则主要包括数据隐私的重要程度，数据涉及的敏感程度，以及数据泄露或被非法处理后对数据主体合法权益的危害程度等。数据风险分级促使政府对不同风险等级的数据采取差别化隐私保护技术，以期实现成本最小化和隐私保护收益最大化。

第三，建立公共数据"数据分步"审查流程。政府可借助 PDCA 过程机制与隐私影响评估工具，以动态循环方式审查公共数据生命周期中蕴含

的隐私风险，并嵌入数据存储与发布阶段的原始数据保护技术、数据分析与使用阶段的访问控制保护技术以及数据稽核技术等，从而主动识别、监测与全面应对公共数据在不同场景中面临的隐私风险。

2. 互联网技术：硬件建设与软件开发

在公共数据分级、分类和分步的基础上，政府亟须利用大数据架构与云计算，构建互联网技术指向的硬件建设与软件开发安全系统保障体系。一方面，大数据架构通过大数据应用的技术实现、技术部署和技术环境，对结构化和非结构化数据的存储与挖掘提供硬件建设支持（冯登国等，2011）；另一方面，云计算平台内设包含云基础设施服务、云安全基础服务以及云安全应用服务在内的云计算安全服务体系，主要涵盖 IaaS 安全、PaaS 安全和 SaaS 安全，为软件开发提供系统安全支撑。此外，在软件开发领域，政府还需要不断探索区块链与隐私计算、数据沙盒、数据稽核等新兴数据保护技术，在支撑公共数据共享流通、释放数据价值的同时保护数据用户的隐私安全。由此，二者共同为有效应对公共数据隐私风险提供硬件基础设施与软件开发支持。作为大数据架构和云计算在公共数据场景下的体现，"互联网＋政务服务"平台由云平台、数据处理层、业务应用层和消息层构成，并辅以安全管理保障体系与运行维护体系，为保证"互联网＋政务服务"平台的安全正常运行与公共数据隐私风险的有效应对提供重要技术基础和支撑。

（三）治理维度

在塑造政府及公共管理者隐私认知观念与优化技术控制手段的基础上，政府亟须从顶层设计、管理机制与资源投入等三个角度着手，构建动态化、多层次的公共数据隐私风险治理体系。

1. 顶层设计

公共数据资产作为信息社会的核心资源之一，将释放出巨大的增值效应，对政治、经济、安全等领域具有重要影响。然而，目前我国对个人信息、数据和隐私的概念界定相对模糊，完善包含个人隐私保护在内的数据权利体系和构建配套政策体系成为当务之急。2017 年，澳大利亚颁布的《信息安全管理指导方针：整合性信息的管理》为政府数据治理涉及的隐私风险提供管理与实践指导。2018 年，欧盟修订《通用数据保护条例》，为其成员国提供基于知情同意原则的个人隐私保护通用标准。2020 年，《欧洲数据战略》进一步强调基于数据共享与流动条件下的数据权和隐私保护。2020 年，美国第一项全面隐私保护法律《加利福尼亚州消费者隐私法案》（CCPA）生效，为其消费者隐私保护提供广泛保障。2021 年和 2022 年，韩国在《韩国个人信息保护法 （2011）》的基础上发布了《AI 个人信息保护自检清单 （2021）》和《处理匿名信息指南 （2022）》。2022 年，加拿大出台《消费者隐私保护法》，英国则提出《数据保护和数字信息法案》。2023 年，美国白宫科技政策办公室（OSTP）发布《促进数据共享与分析中的隐私保护国家战略》，进一步强调支持保护隐私数据共享和分析技术 （Privacy-Pre-serving Data Sharing and Analytics，"PPDSA"） 的应用。

因此，我国亟须借鉴全球经验来进一步完善公共数据中的隐私保护顶层设计。一方面，以知情同意模式为设计原则的传统静态隐私保护体系越来越难以满足公共数据挖掘、流动、交易和增值需求，影响数据化过程中的公共数据资产增值，政府应尽快补充和完善大数据时代包含个人隐私保护在内的专门性的公共数据相关法律，明确"隐私"的法律概念及其边界，厘清特定目的和使用场景中的数据控制者、管理者的数据权利和保护义务，明确政府数据收益的集体共享机制，并建立公法、私法与社会机制共同作用的数据权利保护体系。另一方面，地方政府需完善地方性法规、政策条例与规范标准，明确政府数据隐私保护要求，提供数据共享与开放的政策依据与个人隐私保护相关的实践指南。

2. 管理机制

管理机制涉及组织机构设置与数据协同治理等方面，公共数据隐私风险应对的核心是建立权责统一、层级分明、分工协作、运转高效的管理机制。

在组织架构层面，一方面，政府应依情况逐步设立隐私保护的专门性管理机构，履行隐私保护法定职责，并对隐私保护成效进行系统评估。为此，英国设立了信息专员办公室，法国设立了国家信息与自由委员会。另一方面，各政府部门需要严格执行隐私保护流程，加强数据协调管理。如英国要求所有政府部门依照《个人隐私影响评估手册》来严格执行隐私影响评估，并建立跨部门合作协议以实现更高效的隐私保护合作。此外，政府还应积极引入外部监督，成立第三方隐私保护评审机构，以更好地应对隐私风险。

在协同治理上，一方面，针对各类潜在的隐私风险，地方政府应充分动员社会多元行动主体，在行政指导下协同建立行业自律规范；另一方面，建立数据跨境流动与合作机制，促进达成全球范围内隐私保护在法律、政策与观念等不同层面的有限度共识。

3. 资源投入

资源投入程度会显著影响公共数据治理过程中隐私风险应对体系的整体成效。地方政府需要从技术投入、人力资源和资金保障等维度综合考虑资源分配状况，有效提升公共数据隐私风险应对能力。

在技术投入上，政府需要持续关注美国、英国等国家的隐私保护前沿技术实践，持续升级以原始数据保护、访问控制保护和网络环境保护为核心的数据保护技术，加强隐私影响评估工具的投入与应用，为公共数据开放共享与隐私保护提供技术支撑。

在人力资源上，一方面，选拔交叉型人才并配以相应的权责。例如，首席数据官和隐私保护专员早见于美国、英国、新西兰、澳大利亚等国家，专门负责数据安全与隐私保护政策制定等专门性工作。另一方面，开展以隐私风险应对为目的的培训、短期轮岗和数据扫盲等针对性活动，提升应对公共数据隐私风险的系统能力。

在资金保障上，一方面，针对不同领域的公共数据及其差异化的隐私风险类型与级别，公共部门应建立年度财政支持计划，重点推进隐私专项项目。另一方面，资源分配应强调效率原则，需在试点的基础上积极推动先发地区隐私保护治理经验的学习与扩散。此外，公共部门还应推动建立与社会研究性机构合作的创新平台，吸纳多元人力资本，共同致力公共数据重点领域的隐私保护。

三 讨论与结论

在以网络化、数据化和智能化为特征的数字转型时代（郑跃平等，2021），新技术环境下的隐私风险日益加剧，迫切需要建立更具适应性的公共数据隐私风险应对体系。数字技术嵌入政府组织带来的核心变化是数据流在跨部门之间的共享、扩散和转移（Mayer-Schönberger & Lazer, 2007），由此也带来了亟须关注的研究议题，即数据流动中的隐私风险应对。本文旨在尝试回应这一重大议题所指向的现实和理论诉求，构建基于"认知－技术－治理"三重维度的公共数据隐私风险应对框架，从公共管理的学科视角对该问题的探讨进行一定补充。

公共管理视角下的核心关切在于如何平衡公民个体隐私权利与政府数据权力之间的相对关系，在此基础上发挥政府主体在数据价值创造和隐私风险应对中的主导作用。一方面，增进政府对公民个体隐私权利的再认知是平衡其与公民在隐私风险应对议题上的权责利相对关系的必要前提。另一方面，公共管理视角还具有指向政府内部治理的特点（程啸，2018），这意味着政府需要在公民个体隐私权利再认知的基础上，适应性调整内部数据治理体系中的权力运行机制、组织结构和资源配置等，从而为公共数据隐私风险应对的有效性提供制度保障。此外，基于公共数据治理中隐私风险所蕴含的技术特性，隐私保护技术（如基于区块链的去中心化方案）成为促进公民个体隐私权利认知和政府内部治理的关键手段，构成公共数据隐私风险应对的重要治理工具。

基于此，本文从公共管理视角出发，围绕"认知－技术－治理"三重维度系统构建了公共数据隐私风险应对框架。其核心观点是，公共数据治理中的隐私风险应对需要塑造以数据隐私认知和政府效能认知为核心要素的隐私认知，这是应对公共数据隐私风险的认知前提与价值导向。而基于数据分类、风险分级、数据分步的数据科学和包含硬件建设和软件开发的互联网技术是应对公共数据隐私风险的重要技术工具。在此基础上，以顶层设计、管理机制与资源投入为核心要素的治理体系是应对公共数据隐私风险的制度保障。由此，本文依托"认知－技术－治理"三重维度建构了相互贯通的、整体性的公共数据隐私风险应对框架，旨在促进政府数据权力和公民个体隐私权利平衡，更有效地推动公共数据流动、共享和开发，释放数据价值。

整体来看，公共数据治理中的隐私风险应对是一个复杂的、多元的交叉性议题，在政府整体治理体系中占据越来越重要的位置。针对公共数据治理中的隐私风险应对，研究者未来需进一步开展个案研究，深入剖析地方政府在应对公共数据隐私风险时所面临的结构性约束与激励，并在此基础上总结地方实践经验，为我国政府有效地平衡公共数据利用与个体隐私保护提供优化路径。同时，需加强对公共数据治理中隐私风险的识别与评估量化研究，为更有效地预测和应对公共数据隐私风险提供系统支撑。

参考文献

陈仕伟，2019，《大数据时代透明社会的伦理治理》，《自然辩证法研究》第 6 期。

程啸，2018，《论大数据时代的个人数据权利》，《中国社会科学》第 3 期。

范为，2016，《大数据时代个人信息保护的路径重构》，《环球法律评论》第 5 期。

冯登国、张敏、张妍、徐震，2011，《云计算安全研究》，《软件学报》第 1 期。

高富平，2018，《个人信息保护：从个人控制到社会控制》，《法学研究》第 2 期。

郭春镇、马磊，2020，《大数据时代个人信息问题的回应型治理》，《法制与社会发展》第 2 期。

黄璜，2017，《美国联邦政府数据治理：政策与结构》，《中国行政管理》第 8 期。

彭亚平，2018，《技术治理的悖论：一项民意调查的政治过程及其结果》，《社会》第 3 期。

王锋，2021，《私密还是透明：智慧社会的隐私困境及其治理》，《行政论坛》第 1 期。

王俊秀，2020，《数字社会中的隐私重塑——以"人脸识别"为例》，《探索与争鸣》第 2 期。

王浦劬，2014，《国家治理，政府治理和社会治理的含义及其相互关系》，《国家行政学院学报》第 3 期。

张成福、谢侃侃，2020，《数字化时代的政府转型与数字政府》，《行政论坛》第 6 期。

张新宝，2015，《从隐私到个人信息：利益再衡量的理论与制度安排》，《中国法学》第 3 期。

郑跃平、梁灿鑫、连雨璐、曹贤齐，2021，《地方政府部门数字化转型的现状与问题——基于城市层面政务热线的实证研究》，《电子政务》第 2 期。

郑智航，2021，《数字资本运作逻辑下的数据权利保护》，《求是学刊》第 4 期。

Janger，E. J. & Schwartz P. M. 2001. *The Gramm-Leach-Bliley Act, Information Privacy, and the Limits of Default Rules.* Minn. L. Rev. 86：1219.

Wang，Z. & Yu，Q. 2015. "Privacy Trust Crisis of Personal Data in China in the Era of Big

Data: The Survey and Countermeasures. " *Computer Law & Security Review*, 31 （6）: 782 – 792.

Wu, Y. 2014. "Protecting Personal Data in E-government: A Cross-country Study. " *Government Information Quarterly*, 31 （1）: 150 – 159.

Westin, A. F. 1968. "Privacy and Freedom. " *Washington and Lee Law Review*, 25 （1）: 166.

Wright, D. , Finn, R. & Rodrigues, R. 2013. "A Comparative Analysis of Privacy Impact Assessment in Six Countries. " *Journal of Contemporary European Research*, 9 （1）.

Bertot, J. , Gorham, U. , Jaeger, P. , Sarin, L. C. & Choi, H. 2014. "Big Data, Open Government and E-government: Issues, Policies and Recommendations. " *Information polity*, 19 （1, 2）: 5 – 16.

Stewart, J. M. , Chapple, M. & Gibson, D. 2015. *Cissp: Certified Information Systems Security Professional Study Guide, Seventh Edition.*

Mayer-schönberger, V. & Lazer, D. 2007. *Governance and Information Technology: From Electronic Government to Information Government.* MIT Press.

平台企业兴起的社会风险及其治理：一种治理分工的视角[*]

张　樯[**]

摘　要　对于风险认知的清晰化是进行风险治理的前提。近十几年来，平台企业的兴起给社会互动带来了新的变化，由此形成了两种类型的社会风险，即具体互动风险与结构性风险。在平台企业主导的虚拟互动空间中，平台是具体互动风险的治理者。然而，平台企业在资本推动下会忽视甚至放任结构性风险的发生，对此需要国家来承担风险治理的兜底责任。在现实中，平台企业与国家在风险治理中的分工关系会受到各种因素的影响。对于风险的不同认知将会导致国家公共监管与平台私人监管之间的紧张关系，这一紧张关系将会在一定程度上决定平台社会风险治理的未来走向。

关键词　平台企业　风险治理　治理分工　政治平等

平台企业的兴起是当代社会的一个重要特征。在今天，"平台"已经渗透到社会生活的方方面面，人们生产活动的开展和生活需求的满足都深度依赖于各种平台企业。2018 年末，全球市值最大的四家公司分别是微软、苹果、亚马逊和 Alphabet，这四家公司无一例外都是平台巨头（Cusumano，2019）。与传统企业不同的是，平台企业有着更强的垄断倾向。2019 年，联合国贸易和发展会议（UNCTAD）发布的《2019 年数字经济报告》表明，微软、苹果、亚马逊、谷歌、脸书、腾讯和阿里巴巴这七大"超级平台"占据了世界七十大平台总市值的三分之二（UNCTAD，2019）。随着信息通信技术的快速发展，平台企业的兴起使得越来越多的人都生活

---

　　*　基金项目：教育部哲学社会科学研究后期资助项目（21JHQ070）。
　　**　张樯，南京大学政府管理学院博士研究生，研究方向为政治哲学与公共行政理论。

在"超级平台"的阴影之下，现实空间中的社会互动开始向平台主导的虚拟数字空间转移，互动频率的增加带来了更多的互动风险。同时，在资本的推动下，平台企业对于市场垄断地位的追求也造成了结构性的社会风险。

作为当今市场中最为活跃的主体之一，平台企业所引发的市场风险呈现一系列新的特征，值得进行广泛而深入的研究。但是，只关注市场风险意味着对于平台企业风险治理的探讨仅仅停留在经济层面，而忽视了平台企业兴起所外溢出来的其他社会风险。相较于平台企业兴起所引发的市场风险，平台企业兴起所引发的社会风险并未得到足够的关注和讨论。为了形成关于平台企业风险治理的全面理解，本文关注的是平台企业兴起所引发的社会风险及其治理。值得注意的是，近年来随着平台影响力的不断扩大，平台企业开始在风险治理领域发挥越来越重要的作用。这一特殊性决定了平台企业在风险治理中的双重属性，即平台既是风险治理的主体，也是被治理的对象。

对于风险认知的清晰化是进行风险治理的前提。在风险的类型上，本文试图将平台企业兴起过程中产生的社会风险分为具体互动风险与结构性风险两类。对于平台内部的互动风险而言，平台企业有动力也有相应的能力进行治理，但对于平台自身在资本逻辑下产生的结构性风险，平台企业自身没有动力去主动防范甚至会选择放任风险的发生。考虑到平台企业在风险治理中的双重属性，我们就需要重新思考国家与平台企业在社会风险治理中的关系，两者有必要在社会风险治理中有着不同的分工。对整个社会而言，平台的兴起已经成为一个不可逆转的趋势，而公共监管与私人监管之间的关系将在一定程度上决定风险治理的未来走向。基于此，本文试图从治理分工的视角出发，结合两种不同的风险类型，在理论上明确平台企业与国家在风险治理中所承担的不同职责。虽然本文也对公共监管与私人监管之间的复杂关系进行了一定的探讨，但这样的探讨只是初步的。总的来说，本文的目的在于描述一种关于风险治理分工的理想类型（ideal-type），进而希望理论界能够对于平台企业兴起所引发的社会风险给予更多的关注与讨论。

一 平台的互动风险及其自我治理

（一）平台的本质与互动风险

作为一种人为设计的组织系统，平台包含了架构设计与价值创造两方面的内容。"平台架构的一个显著特征是它的模块化、相互依赖的核心和互补的组件系统，这些组件由设计规则和系统整体的价值主张捆绑在一起。"（Kretschmer et al.，2022）从本质上来看，平台的架构设计和价值创造都是以实现互动为目的的。

一方面，就架构设计而言，当代意义上的平台是由一系列模块化的"组件"所构成的，每个平台都存在大量参与平台互动的主体。在一体化的设计方案中，组织对严密的层级控制有着极高的要求，强调系统作为整体发挥相应的功能。不同于一体化的设计方案，通过模块化的任务、标准化的技术接口来搭建相应的沟通渠道，平台实现了内部各个"组件"之间的互动。因此，平台架构所能开展活动的形式更加灵活，内部的互动程度也更高。

另一方面，就价值创造而言，平台是通过收集并利用互动数据来创造利润的。如果说市场的核心是交换，那么平台的核心则是互动。虽然一般观念认为平台是一个多边主体市场（徐晋、张祥建，2006），但是平台的互动行为与市场的交换行为存在着很大的区别。市场机制的定价是由交换价值所决定的，这一交换价值在特定的供需关系下是相对稳定的，而平台中的互动行为本身则可以产生新的价值。平台的结构可以被简化为一个公式："核心互动 = 价值单元 + 参与者 + 过滤器"（帕克等，2018）。在这里，价值单元可以被简单地理解为各种具体的产品或服务。平台的作用在于通过算法将供需互补的参与者进行匹配，参与者通过互动达到了新的供需平衡。市场交换的"无形的手"在一定程度上被算法的"有形的手"所取代。平台通过收集并积累各种互动行为数据，可以更加精确地预测甚至引导人们的选择，因而互动中数据的收集便产生了新的价值。从这个角度看，互动不仅改善了资源配置的状态，而且平台企业对于互动行为所产生的各种数据的收集和积累最终可以转变为相应的利润。

　　既然平台在本质上是以促进互动为目的的，每一个用户都希望在平台的互动中满足自己的需求。正如同市场的交换行为存在风险，平台中的互动行为也会存在着风险。平台中的互动无法避免信息不对称等传统的市场问题，其他人的不当或违规行为也会给互动者的参与造成风险。比如在网购平台上仍然存在着欺诈和卖假货的问题，这就使得网购者面临经济损失的风险。平台的出现既改变了互动的即时性，也改变了互动的地域性，使得互动行为能够发生在更大的时空范围内。当互动行为超越时空局限时，互动频次与复杂性的增加将会导致互动风险的增加。当用户决定是否参与以及在多大程度上参与平台互动时，风险是用户需要考虑的一项重要成本，用户也会根据实际体验选择互动风险更小、更可靠的平台。对于平台企业而言，有效且持续的互动是平台能够在市场竞争中长久存续的重要条件。从价值创造的角度来看，由于互动是平台存在并创造利润的重要前提，平台企业便有足够的动机来降低互动的风险成本。

　　从一般意义上而言，为了实现对于互动风险的有效治理，有公共和私人两种模式可以选择。公共模式强调国家的监管职能，国家为每一个参与互动的个体提供一个公共的行为框架，从而降低互动的风险。这有点类似于福柯（Michel Foucault）对于"公共管理"的理解，即"公共管理应该治理的，也是即将成为公共管理的基本内容的，会是人们相互共存的一切形式"（福柯，2018）。在这里，对于风险管理的公共性需求催生了国家的监管职能。对公共流通空间中各种风险进行管理是公共管理的重要内容，为了防范风险，国家制定各种规则来规训并塑造个人的行为。同时，风险管理的私人模式在现实中也已经广泛存在，这在数字空间中表现为平台企业对于互动风险治理的高度介入。人们要求平台企业妥善处理好互动中的各种风险，平台实际上起到了为主体的互动行为提供担保的作用，对于违反规则、制造风险的互动行为，平台应当及时发现并进行处理。从性质上看，平台企业是私人所有的，却广泛地参与互动风险的治理，并通过制定各种规则来约束个体的行为。因此，无论是回应平台用户的需求，还是出于平台自身发展的需要，平台企业都有治理互动风险的动机。

（二）平台作为互动风险的治理主体

　　在一般的理论叙述中，公共秩序的供给一般都是由公共部门自上而下提供或由自下而上集体行动自觉形成的。这就产生了一个问题：平台中互动风险的私人治理模式是如何形成的？换而言之，平台企业是如何获得互动风险治理的合法主体地位的？对于这一问题，存在着两个可能的解释。第一个解释是通过某种类似于"社会契约"的作用，人们让渡出自己的一部分权利，认同平台的治理主体地位。比如，当用户加入平台时，一般都会签订用户服务协议，其中就有条款规定用户的行为规范和义务，并承认平台具备相应的管理地位。在这种情况下，平台就具备了一定的政治属性，可以约束个体的行为甚至对个体进行处罚。显然，这一解释将平台企业视为虚拟互动空间中的"利维坦"，从而忽略了平台企业在现实中的私有属性。第二个解释则稍显复杂，这一解释认为平台作为风险治理主体的合法性地位来源于其私有财产权。现如今，"许多公共活动现在发生于巨大的、私有的场所当中，我们将这些场所称为'大规模私有财产'（mass private property）"（Shearing & Stenning，1983）。随着"大规模私有财产"的增长，人们的许多公共活动从国家控制的公共领域转移到了私人拥有的大型空间之中。现代商场就是一个典型的例子，商场运营者需要通过制定商场规则、雇佣私人安保力量来保证商场的公共秩序。在商场庞大的空间内，有入驻的大批商家以及大量的消费者，只有商场秩序得到保证，商场才能在正常的运转中获得利润。在这里，对于私有财产的保护和公共秩序的维护是同一个过程，私有财产的拥有者对于公共秩序的管理权力来源于私有财产权。

从平台进行风险治理的方式来看，人们在信息社会中的互动行为最终会被转换成相应的痕迹数据，这些数据资产成为平台运转并进行风险管理的重要基础。米歇尔·鲍尔（Michael Power）认为，检查与监控是社会运行的常态，因为社会运行不能全依赖于信任（Power，1997）。对于平台企业而言，检查和监控是建立在互动数据的基础之上的。具体而言，平台通过特定的算法规则对个体互动过程中的各种痕迹数据进行分析后，在风险评估的基础上对个体进行评分。以购物平台为例，商家的服务态度、商品质量、物流服务等最终都会被转换成一定的评分。评分既可以为消费者选择提供相应的参考，也可以为平台管理提供相应的信息。与消费者发生纠纷越多，商家的评分越低，从而成为平台风险监管重点关注对象的可能性就越大。平台也可以通过大数据分析来计算一个用户的违约率并做出相应的处理，从而降低互动中的风险。从某种意义而言，评分在本质上是一种社会资本。评分高的个体在平台的互动中可以将社会资本转换成其他资本收益。现代平台的运作越来越类似于中央银行，用户将其社会资本用于保值增值，但其"取款"行为不能违反"银行"政策（Schwarz，2019）。比如在社交平台中，有影响力的用户可以通过发布广告等方式将流量变现，但这一变现的过程需要遵守平台规定，否则平台可以通过封禁账号等方式来处罚用户。正是由于平台企业垄断控制了用户广义上的社会资本，这就使得平台拥有了规范用户行为的权力，从而最终可以实现降低互动风险的目的。平台企业的兴起描绘了一幅图景，即在广泛收集数据和信息的基础上，可以通过算法等方式将互动风险的大小自动地计算出来。在此基础之上，平台高度地介入互动风险的治理当中，并对个体的互动行为进行干预。

在严格意义上，与一般的社会互动相比，这些互动行为是发生在平台主导的虚拟数字空间中的，包括但不限于买卖交易行为、日常社交行为。在平台提供的数字虚拟空间中，互动行为发生的规模更大、频次更高，进而产生了更多的互动风险。作为一个市场主体，平台企业需要维持平台内部的互动秩序。只有在有效的秩序供给情况下，数字平台本身才能够长久地运转并从用户的互动行为中获得利润。从某个角度来看，用户本身也成为平台的"资产"，平台如何管理好这些"资产"成为平台企业经营的一个重要内容。这意味着，平台企业对互动风险的治理与对利润的追求是同一个过程。因此，对于平台企业而言，这些互动风险的处理类似于传统企业在市场中的经营风险。在这个意义上，平台企业有动力介入互动风险的治理，同时对用户广义社会资本的垄断使得平台企业拥有相应的治理能力。

二 平台结构性风险的国家监管

（一）垄断的结构性风险及其具体表现

如今，在网购过程中发生了纠纷后向平台进行申诉已经成为电商时代人们的一个日常操作。这个例子说明了人们已经在事实上承认了平台企业在互动风险治理当中的主体地位。另外，与传统企业类似，平台企业在市场竞争中也会出现垄断情况，进而衍生出一些社会风险。在市场中，平台企业对这些风险并没有进行主动防范，相反，平台企业追逐利润的过程反而会成为一些社会风险的来源，这就要求国家监管做出相应的回应。从这个角度看，平台企业在风险治理中具备双重属性：一方面，平台企业是平台内部互动风险的治理主体；另一方面，其作为市场主体也是被治理的对象。

在一些激进的社会批判理论家看来，平台是现代资本主义发展到新阶段的产物。资本主义的剥削是以数据为基础的，而平台则是数据的提取装置（斯尔尼塞克，2018）。平台以一种隐蔽的方式吸引更多的用户进行数据的生产，而被生产出来的数据所增值的部分则被平台提取了。从这个角度看，平台企业既是互动秩序的维护者，也是互动数据的剥削者。在互动数据的剥削过程中，平台与劳动者、用户之间的关系是不平等的，这样一种权力结构上的不平等关系将会导致新的社会风险出现。进一步而言，这样的不平等关系是建立在垄断的前提下的。也就是说，平台作为具体互动风险的治理者，在资本逻辑的垄断倾向下会转变成结构性风险的制造者。

与传统企业不同，平台企业在今天重新定义了垄断。传统企业拥有市场支配地位的方式是以市值和市场份额等指标为依据的，但是平台企业的目标则在于取得控制权（数据与算法）而非所有权（Rahman & Thelen，2019）。这在一定程度上改变了资本的行为逻辑，投资者不再着眼于短期的市场份额，而是化身为"耐心资本"（patient capital），关注于未来收益。在这样的商业模式下，数字平台产生并依赖于网络效应，即使用平台的用户越多，平台对其他人而言就越有价值（斯尔尼塞克，2018）。因此，平台经常采用交叉补贴的策略来吸引更多的用户，即通过降低一些商品或服务的价格或者免费销售的形式吸引用户，最终通过其他形式收取租金和实现创收。在社会高度金融化的今天，风投公司和各种主权基金将大量的资本投入平台企业。平台企业在获得大量且持久的资金注入后开始建立以数据与算法为中心的庞大业务，并通过网络效应来获得"基础性权力"（infrastructural power）。在迈克尔·曼（Michael Mann）看来，基础性权力是国家依托于一系列基础技术渗透公民社会的能力，这些技术包括但不限于文字、货币、度量衡、通信技术（Mann，1984）。从这个角度看，数据的垄断收集与算法的使用正是基础性权力在当代社会的表现形式，而这样一种基础性权力在今天则被一些大型平台企业所掌握。正是在资本追求利润的驱动下，平台资本主义试图在各个行业建立一个个垄断数据与算法的元平台，吸引更多的用户、积累更多的数据。"元平台寻求控制世界，日益重塑世界。元平台的高管现在的目的是构建以数据为中心的耐久性架构，防止下一次科技泡沫的破裂，当然有时他们自己也会帮助制造泡沫。"（Van Doorn & Badger，2020）

一般认为，垄断蕴含着市场风险，并且在一定条件下会转化为社会风险。美国镀金时代的历史已经证明垄断会造成公共福利的损失、贫富差距的扩大，最终引发日益严重的经济危机和社会危机。可以说，现代意义上的监管型国家就是为了解决垄断问题，以恢复有效的自由竞争为目的而建立的（刘鹏，2009）。由于平台企业的垄断形式在今天发生了新的变化，垄断所导致的平台企业与劳动者、平台企业与用户之间的不平等权力结构，正在成为当下一些新的社会风险的根源，并引发了广泛的社会关注。具体地来看，这样的结构性风险主要表现在两个方面：一是生产中不稳定用工关系所带来的社会风险，二是用户隐私信息泄漏的社会风险。

1. 不稳定用工关系的社会风险

对劳动者而言，"基于数字平台的劳动组织新形式导致不稳定的就业和工资，使资本积累的逻辑渗入劳动力再生产过程"（谢富胜等，2019）。于是，平台企业的出现使得超大规模的"零工经济"（gig economy）成为可能，这引起了两方面的变化。

第一，人力资本的传统观念受到了挑战。在传统人力资本的观念中，人力资本增值的直接受益者是个体自己。在信息社会中，在很多情况下个体可以通过收集相应的数据来提升自己的业务能力。然而，零工经济的数据生产环节是被平台垄断的，平台工人对于自身效率的改善行为都会被平台系统所捕获，在他们离开平台后可以由替代的工人执行，数据资产并不会随着工人的离开而有所损失（Van Doorn & Badger，2020）。这意味着，零工用于掌握自身情况并促进自身人力资本增值的数据资产被平台剥削了，零工离开平台后并不能获得这些数据的所有权。从长远的角度来看，平台对于数据资产的截留会在一定程度上降低平台工人改善自身处境的能力。

第二，"零工经济"弱化了传统的雇佣关系。传统大企业是国家治理社会的一个关键工具，因为大企业可以为员工提供诸如医疗保健、养老金等福利，并通过职业阶梯提供社会流动的途径，美国正是通过大企业建立了一个强有力的社会契约（Rahman & Thelen，2019）。全职、有法律支持的劳动合同、稳定、供给福利等是传统雇佣关系的重要特征，这些特征在"零工经济"时代都消失了。"零工经济"免除了平台企业对于雇员的许多义务，并使得个体劳动者的就业陷入一种不稳定的状态。从理论上来说，平台与"零工"是一个双向选择的过程，然而，"随着巨无霸垄断平台的出现，劳动者在平台之间进行选择的余地不断缩小，劳动者对平台的单向依存正在形成"（焦佩，2021）。这样的一种不对等的选择权将会使得平台工人的就业环境更加恶化。

2. 用户隐私信息泄漏的社会风险

对平台用户而言，平台企业造成的主要风险在于对用户隐私权的重新分配。在理想状态下，平台企业对于用户信息的收集应当用于提高平台自身的服务水平与质量，最终目的应当是用户体验的改善。尽管大多数平台企业都是如此承诺的，但实际情况却是平台企业利用收集到的数据对用户进行监控，进而预测甚至引导用户的行为。在这个过程中，平台企业不仅侵犯用户的个人隐私，甚至实现了对于个人隐私信息剩余价值的剥削。"监控资本主义的发展之所以如此危险，是因为我们不能将其转化为已知的伤害来理解，像是独占、侵占隐私等，因此无法将其视为已知的敌人来对付。"（Zuboff，2018）用户往往在无意识的情况下就被平台企业侵占了自身的隐私信息。平台企业为了实现对于用户隐私信息的"合法"侵占，往往采用暗含不公平条款的海量用户协议来证明自身信息收集和积累行为的合法性。

作为平台结构性风险的两个具体表现，平台企业的不稳定用工关系以及隐私信息保护问题在今天俨然已经成为公共议题。一方面，劳动保障和隐私保护关系到人们的基本权益，并在很大程度上直接影响着人们的生活境况；另一方面，当个人无法完全通过自身的行动来避免劳动关系变化和隐私信息泄漏所带来的风险时，就产生了针对这些风险治理的公共需求。可以说，"当代国家监管体系是风险意识的产物，是获得了风险意识的利益主体从风险管理的目的出发开展国家建构的结果"（张乾友，2020）。因而，当平台的劳动关系问题和隐私问题成为社会风险的可能来源，并产生了风险治理的公共需求时，国家就有理由也有必要进行相应的监管。

（二）结构性风险的国家监管

从现实来看，针对平台企业的反垄断监管一直是国家进行市场监管的重要内容。在双边市场的性质下，加上网络效应的影响，很难以传统的判断标准来认定一个平台企业是否具有市场支配地位。在实践中，由于平台企业的垄断是通过高度技术性的手段实现的，因此其垄断行为往往更加隐蔽，且危害性和破坏性更强。在这样的情况下，以美德为代表的外国垄断监管机关在平台经济领域掀起了向前置式反垄断监管转变的浪潮（时建中、郭江兰，2021）。在我国，《反垄断法》作为国家开展监管活动的重要依据，亟须进行修订从而健全相应的数字竞争规则（孙晋，2021）。2021年2月7日，《国务院反垄断委员会关于平台经济领域的反垄断指南》发布实施就是一个良好的开端。但从根本上而言，推动包括数据在内的资源在平台间流动也许是未来反垄断监管的一个可能方向（胡凌，2019）。

如上所述，在金融资本逐利性的推动下，平台企业寻求以一种新的形式实现对于市场的垄断。从经济层面上，平台企业垄断会带来创新创业环境恶化等一系列市场风险（李勇坚、夏杰长，2020）。但更重要的是，随着平台企业对社会生活影响力的不断扩大，平台企业的垄断会形成一种不对称的权力结构，从而使得劳动者与用户处于一种弱势地位。当劳动者和平台用户的权益遭到挑战时，平台垄断所引发的可能后果便从一种市场风险演变为结构性的社会风险。因而，现如今国家对于平台企业的监管并不局限于纯粹的市场领域，劳动者权益和用户隐私信息保护已经成为国家对于平台企业监管的重要内容。

在对于劳动者的权益保护上，平台企业的劳动关系认定和劳动者权益的保障在现实中面临着诸多困难。在共享经济中，平台企业看似承诺了一种灵活自由的劳动关系，但在一些情况下却反而使得劳动者陷入了更不利的处境。在这种情况下，劳动关系成为共享经济法律规制的核心问题之一（蒋大兴、王首杰，2017）。有观点认为，只要是以平台企业的名义提供商品或服务，那么零工就是平台企业的劳动者，适用《中华人民共和国劳动法》《中华人民共和国劳动合同法》等相关法律（刘文静，2020）。但由于平台企业劳动关系的现实复杂性，当前针对平台劳工的权益保护的立法规制更多的只是停留在讨论阶段。在平台企业用工规模急剧扩大的背景下，如何保障平台劳工的权益问题显得越来越迫切。2021 年 7 月，人社部等八部门共同印发《关于维护新就业形态劳动者劳动保障权益的指导意见》。这意味着，在平台企业就业的零工劳动者权益将得到初步的保障。

在对于用户隐私信息安全的监管上，随着《中华人民共和国个人信息保护法》的出台，平台企业侵犯用户隐私的行为将面临更高的违法成本。除了直接的立法以外，我国还经常采用行政指导或者约谈的形式，以一种相对柔性的行政手段来达到监管目的。现实中经常出现平台企业的产品因为违反相应规定而被全网下架。从约谈到下架，这反映了我国对于个人信息和隐私保护往往是一种从"软"到"硬"的回应性监管。与传统的监管形式不同，回应性监管强调的是在监管者与被监管者的互动中促使被监管者进行有效的自我监管（杨炳霖，2014）。其中，对于平台企业的监管最为关键的是"可信惩罚威慑"的建构，即通过传递可信的信号来体现监管的决心与红线（陈少威、范梓腾，2019）。

无论是劳动者权益的保护，还是用户的隐私信息保护，都不仅仅是平台企业的经营问题，在一定程度上已经变成了需要解决的社会问题。不稳定的劳动关系是为了降低用工成本，侵犯用户隐私信息最终也是为了获得更多的利润。对于这些问题所引发的社会风险，平台企业自身就是风险的制造者，平台资本主义的内在冲突与矛盾决定了平台企业不愿也无力应对这一类型的风险。以劳动者权益和用户隐私信息为例，如果放任这些风险的发生，这些问题就会溢出平台，进而演化成整个社会的治理风险。既然结构性的问题无法通过平台自身得到解决，那么国家便有理由也有义务回应这一风险的治理问题。

三 平台兴起的社会风险及其治理分工

（一）风险的类型与治理分工

前文表明，在平台企业的兴起过程中，存在着两种类型的社会风险。一种表现为个体在平台中的互动风险，对于这样一种具体风险，平台有动力也有能力介入治理的过程；另一种则表现为平台在金融资本推动下所呈现的结构性风险，对于这类风险的防范，就需要国家承担起相应的治理责任。由此可见，对于风险类型认知的清晰化使得在社会风险领域实现某种治理分工成为可能。对平台企业而言，其防范互动风险的首要目的是维持平台的持续发展。出于对利润的追求，平台企业会忽视甚至放任一些结构性风险的发生。在结果上，在平台企业实现高额利润的同时，风险却由整个社会承担，这显然是有问题的。从某个角度看，治理分工在本质上其实是关于社会责任分配的问题。考虑到风险与收益对等这一原则，平台企业在风险治理中应当承担更多的责任，而平台企业在现实中则偏向于逃避这一责任。在这种情况下，国家在风险治理中有责任起到兜底作用。

在当代社会中，社会风险往往无处不在，这使得人们意识到了个人乃至集体的脆弱性。同时，正如平台企业兴起所带来的劳工权益和用户隐私问题，一些新的社会风险的出现使得传统以政府为单一治理主体的风险治理模式遭到了挑战。从风险治理的组织结构上看，总体上呈现由层级模式（hierarchical mode）向网络模式（network mode）演化的趋势（张海波，2017）。在网络模式下，不同主体承担着不同的治理分工，以应对当代社会复杂的社会风险。在平台企业和国家的治理分工中，有两个现象值得格外关注。一个是当代的企业社会责任运动，如前所述，分工在某个角度看就是责任分配的问题。对于企业在当今社会治理角色的反思，使得越来越多的人认识到企业应当承担更多的治理责任。另一个则是技术官僚型治理的生成，这要求行政部门需要为自己的监管行为提供技术论证。技术官僚型治理试图通过计算来得出所有集体问题的解决方案（张乾友，2019），反映在监管领域就是"成本－收益"分析法的应用。"成本－收益"分析的基本原则是"除非收益证明成本合理，否则不得采取任何行动"（Sunstein，2018）。这两方面的变化最终都对平台企业和国家在风险治理中的分工关系产生了重要的影响。

在解释平台企业和国家在风险治理中的分工关系时，"元监管"（meta-regulation）是一种较为有影响力的理论，即"社会和个人行为不再是监管的对象，而是监管行为本身成为监管的对象"（Cunningham & Grabosky，1998）。在这里，平台企业需要对其主导的平台空间内的风险进行自我监管，但同时平台的自我监管行为也会成为国家监管的对象。虽然平台企业的监管与国家监管之间存在着交叉点，但也存在着明确的分工。显然，与平台企业的监管不同，国家监管需要考虑更多的社会问题，并在社会价值和市场价值之间进行权衡。在今天，这样的权衡过程往往是一个技术性的论证过程，要求国家的监管行为能够以某种经济理性的形式得到证明。"元监管"本身就成了一个技术官僚的细节性事务，是设置议程、形成议题和决定优先事项的过程（Morgan，2003）。在平台企业需要在风险治理中承担更多责任的同时，国家也需要通过技术官僚的论证来证明自身监管的合理性。可以说，"元监管"的模式使得平台监管和国家监管之间的分工关系变得相对具体化，同时将社会风险的治理分工变成了一个技术性的过程。

风险类型的分类有助于我们在理论上理解平台企业和国家在今天的风险治理中各自应当扮演怎样的角色。然而，在现实中，平台企业与国家对于风险的治理分工则呈现更为复杂的情况。国家与平台企业在分工基础上可能实现一种更为紧密的合作关系。祖博夫（Shoshana Zuboff）借用韦伯"选择性亲和"（elective affinity）这一概念来描述美国政府与谷歌之间不纯洁的公私合作关系，当国家与平台企业就个人监控与信息收集的需求达成一致时，两者便会形成一种合作关系（Zuboff，2018）。比如在棱镜门事件中，美国政府通过挖掘各个平台企业的数据来实现对于公众的监控，美国政府不仅没有敦促平台企业更好地保护个人隐私，相反，平台企业成为美国政府隐蔽地侵犯个人隐私、干预个人自由的一个重要帮手。同时，平台企业由于拥有先进的算法等原因，在治理分工和合作中往往在技术层面上承担更多责任。以阿里巴巴和浙江市场监管局的合作为例，在阿里巴巴提供技术支持的前提下，双方合作通过全国网络交易监测平台的建设来增强风险研判能力。这些例子表明，公私部门在风险治理分工的基础上同样也存在着密切的联系与合作。

（二）国家监管与平台监管的紧张关系

治理分工可能会导致国家监管职能与平台监管权力之间的紧张关系。前文的分析表明，平台企业通过垄断用户广义上的社会资本来实现对于用户行为的规范，对于社会资本的垄断占有行为在逻辑上与国家权力的行使有着内在的紧张关系。与一般的国家定义不同的是，布迪厄认为，国家在本质上是不同形式的资本在集中过程中的积累（Bourdieu & Loic，1994）。从基础性权力的角度来看，平台对于算法、信息的垄断以及对于平台规则的制定，都反映了平台在今天拥有了某种基础性的权力，而在传统观念下这些权力都属于国家。这样一种观念上的挑战首先会引起国家对于平台权力扩张的警惕。更重要的是，国家监管与平台监管之间存在的"挤出效应"会随着平台规模的扩大而越来越明显。伴随平台规模的扩大，政府公共监管的激励会不断下降，政府的公共监管与平台的私人监管之间呈现此消彼长的替代关系（王勇等，2020）。同时，由于人们的社会生活高度依赖平台企业，当人们在平台享受到各种"实惠"而成为其忠实用户时，平台就可以裹挟庞大的用户群体利益作为应对国家监管时的筹码。

进一步而言，造成国家监管与平台监管之间紧张关系的一个关键原因在于国家与平台企业对于风险有着不同的理解。对于平台来说，互动风险的定义最终服务于追逐利润的行动逻辑，平台用户及其互动行为对平台是有价值的，而用户价值的大小是由其"风险－回报"率所决定。正如前文所述，在某些情况下，平台对于利润的追求可能会导致其忽视甚至放任一些风险的存在。相反，平台同样可能存在为了降低互动风险而"挑选"用户的行为。在计算风险的过程中，导致风险计算结果增加的因素可能是客观的，但是这些客观因素却可能导致主观上的歧视。比如，一个平台的"信用分"真的能够反映一个人在现实中的信用程度吗？一个人购买了更多的东西，从而积累了更多的守信记录，但是这不意味着这个人债务违约的可能性一定会低于其他人，因为造成这一结果的原因可能有很多。在平台的风险治理决策中，平台基于"信用分"给予不同用户区别对待，而不会去了解"信用分"背后个人的具体情况。"在一个商品、服务和其他无形资源（如社会尊重、声誉或信息）按算法分配的社会中，对社会公正、平等和不歧视的考虑变得越来越重要。"（Nash et al.，2017）如果平台企业在风险计算中只考虑个体的"风险－回报"率，那么平台完全有理由区别对待用户，并且不会追究造成所谓"风险"背后的原因。

于是，作为现代政治普遍承认的价值，政治平等在今天平台企业的风险治理策略中遭到了挑战。对于国家而言，对于风险的理解始终不能偏离平等的政治价值追求。"风险社会把所有人都平等地置于风险面前，实现了'风险面前人人平等'。"（张康之，2020）公共监管的目的在于降低整体的社会风险，同时，这一风险的降低应当平等地改善每一个人的处境，这意味着风险的治理覆盖着整个互动过程，需要考虑风险产生的原因并针对性地展开治理。在平台企业基于风险的计算中，并不是所有人都会被允许参与平台的互动，而"风险低"的个体则可以获得一定的优待，这也符合平台架构中"过滤器"的要求。进而，在平台中出现了齐泽克（Slavoj Žižek）所说的"政治化的精确空间"（precise space of politicization），在这个政治化的空间中，每一个个体都是被精确地"挑选"出来的（Žižek，2005）。可以说，平台企业对于风险的治理在某种程度上存在排斥某些群体的倾向，而这样的排斥很可能是没有政治和道德上的根据的，在结果上可能会产生新的风险。在这里，作为政治平等的个体消失了，取而代之的是对于平台而言具有不同价值的个体。平台的风险治理有时不是消除风险本身，而是简单地排斥或限制某些群体参与平台互动，这并不符合国家风险治理的公共性要求。

四　结语

平台企业的兴起意味着更多的公共互动发生于平台这一庞大的私人空间当中，这要求平台企业在今天承担起更多的风险治理责任。同时，平台企业在资本逻辑的作用下会产生新的结构性风险，这就需要国家在风险治理中承担兜底责任。在对具体互动风险与结构性风险的分类基础上，我们重新认识了平台企业与国家在风险治理中的关系。在实现理论上的治理分工的同时，对于风险的认知分歧又会导致国家公共监管与平台企业私人监管之间的紧张关系。由此，如何平衡平台企业的风险计算结果与平等的政治价值之间的关系，将会在一定程度上影响国家和平台企业关于社会风险治理分工的未来发展。

综上所述，本文的研究贡献主要在于两个方面。第一，本文尝试性地将关于平台企业的风险治理研究的焦点从市场风险转向了社会风险，给予了平台企业兴起所引发的社会风险以更多的关注。在此基础上，将平台企业兴起的社会风险分为了具体互动风险与结构性风险两类。第二，本文从治理分工的视角出发，为平台企业和国家在不同类型风险治理中承担不同的分工提供了相应的解释。同时，本文的局限性则在于上述两方面的工作是非常初步的。但是，治理分工的视角提供了一个开放性并具有启发性的问题域。比如，在治理分工的视角下，本文对国家和平台企业基于风险认知的差异所导致的两者间的紧张关系进行了初步的论述。总的来说，对于平台企业所引发的社会风险及其治理而言，仍然有诸多问题需要并值得未来更加深入的探讨。

参考文献

陈少威、范梓腾，2019，《数字平台监管研究：理论基础、发展演变与政策创新》，《中国行政管理》第 6 期。

胡凌，2019，《从开放资源到基础服务：平台监管的新视角》，《学术月刊》第 2 期。

蒋大兴、王首杰，2017，《共享经济的法律规制》，《中国社会科学》第 9 期。

焦佩，2021，《论平台资本主义的变与不变——兼评左翼的解决策略》，《探索》第 2 期。

杰奥夫雷·G. 帕克、马歇尔·W. 范·埃尔斯泰恩、桑基特·保罗·邱达利，2018，《平台革命：改变世界的商业模式》，北京：机械工业出版社。

李勇坚、夏杰长，2020，《数字经济背景下超级平台双轮垄断的潜在风险与防范策略》，《改革》第 8 期。

刘鹏，2009，《比较公共行政视野下的监管型国家建设》，《中国人民大学学报》第 5 期。

刘文静，2020，《平台企业：零工经济中的法律关系与责任分担》，《探索与争鸣》第 7 期。

米歇尔·福柯，2018，《安全、领土与人口》，上海：上海人民出版社。

尼克·斯尔尼塞克，2018，《平台资本主义》，广州：广东人民出版社。

时建中、郭江兰，2021，《论平台经济领域前置式反垄断监管》，《探索与争鸣》第 9 期。

孙晋，2021，《数字平台的反垄断监管》，《中国社会科学》第 5 期。.

王勇、刘航、冯骓，2020，《平台市场的公共监管、私人监管与协同监管：一个对比研究》，《经济研究》第 3 期。

谢富胜、吴越、王生升，2019，《平台经济全球化的政治经济学分析》，《中国社会科学》第 12 期。

徐晋、张祥建，2006，《平台经济学初探》，《中国工业经济》第 5 期。

杨炳霖，2014，《监管治理体系建设理论范式与实施路径研究——回应性监管理论的启示》，《中国行政管理》第 6 期。

张海波，2017，《风险社会视野中的公共管理变革》，《南京大学学报》（哲学·人文科学·社会科学）第 4 期。

张康之，2020，《论风险社会中的"消极平等"》，《甘肃社会科学》第 4 期。

张乾友，2019，《技术官僚型治理的生成与后果——对当代西方治理演进的考察与反思》，《甘肃行政学院学报》第 3 期。

张乾友，2020，《个体风险意识与国家监管职能的生成逻辑》，《探索》第 1 期。

Bourdieu, P. & Loic, J. D. 1994. "Rethinking the State: Genesis and Structure of the Bureaucratic Field." *Contemporary Sociological Theory*, 12 (1): 1 – 18.

Cusumano, M. A. 2019. *The Business of Platforms: Strategy in The Age of Digital Competition, Innovation, and Power.* New York: Harper Business.

Gunningham, N. & Grabosky, P. . 1998. *Smart Regulation: Designing Environmental Policy.* Oxford: Clarendon.

Kretschmer, T., Leiponen, A., Schilling, M. & Vasudeva, G. 2022. "Platform Ecosystems as Meta-organizations: Implications for Platformstrategies." *Strategic Management Journal*, 43: 405 – 424.

Mann, M. 1984. "The Autonomous Power of the State: Its Origins, Mechanisms and Results." *European Journal of Sociology/Archives européennes de sociologie*, 25 (2): 185 – 213.

Morgan, B. 2003. "The Economization of Politics: Meta-regulation as a Form of Nonjudicial Legality." *Social & Legal Studies*, 12 (4): 489 – 523.

Nash, V., Bright, J., Margetts, H. & Lehdonvirta, V. 2017. "Public Policy in the Platform Society." *Policy & Internet*, 9 (4): 368 – 373.

Power, M. 1997. *The Audit Society: Rituals of Verification.* New York: Oxford University Press.

Rahman, K. S. & Thelen, K. 2019. "The Rise of the Platform Business Model and the Transformation of Twenty-first-century Capitalism." *Politics & Society*, 47 (2): 177 – 204.

Schwarz, O. 2019. "Facebook Rules: Structures of Governance in Digital Capitalism and the Control of Generalized Social Capital." *Theory, Culture & Society*, 36 (4): 117 – 141.

Shearing, C. D. & Stenning, P. C. 1983. "Private Security: Implications for Social Control." *Social problems*, 30 (5): 493 – 506.

Sunstein, C R. 2018. *The Cost-Benefit Revolution.* Cambridge, Massachusetts: The MIT Press.

UNCTAD. 2019. *Digital Economy Report* 2019. *Value Creation and Capture: Implications for Developing Countries.* Geneva: United Nations Conference on Trade and Development (UNCTAD).

Van Doorn, N. , Badger, A. 2020. "Platform Capitalism's Hidden Abode: Producing Data Assets in the Gig Economy. " *Antipode*, 52 (5): 1475 – 1495.

Zuboff, S. 2018. *The Age of Surveillance Capitalism: The Fight for A Human Future at The Frontier of Power.* New York: Public Affairs.

Žižek, S. 2005. "Against Human Rights. " *New left review*, 34: 115.

推动平台治理协同关系的法律改革

——为何政府、企业、公众的协同需要法律基础？[*]

赵泽睿[**]

摘　要　平台治理，作为一种多元主体基于互联网平台技术共同进行行为决策的合作网络，改变了工业社会中的行政管理关系，促成了数字社会中政府、企业和公众的协同合作关系。然而，工业革命时期形成的公私二元对立的法律制度无法为平台治理中的协同关系提供正当性依据，进而导致平台治理的协同困境。对此，中国和美国通过法律责任豁免、行政规制责任和信息公开责任等一系列的制度创新，来摆脱数字社会中平台治理的协同困境。这些法律改革将企业追逐公司利益最大化的商业治理决策转化为满足相关利益者需求的公共治理决策，并统合了平台治理中的多元权力结构，以此为平台治理的转型提供了法律支撑。

关键词　平台治理　协同关系　责任豁免　制度创新

一　引言

随着信息技术的进步与应用，平台经济已成为驱动全球经济社会发展的主引擎。联合国贸发会公布的《2019 年数字经济报告》显示，微软、苹

---

[*]　本文系国家社科基金青年项目"城镇化进程中公民城市权利的法理研究"（项目批准号：22CFX008）和国家重点研发计划"智能合约与法律的创新理论及方法"（项目批准号：2022YFB2701800）的阶段性研究成果。

[**]　赵泽睿，上海交通大学凯原法学院博士研究生，上海交通大学中国法与社会研究院人工智能治理与法律研究中心研究助理。

果、谷歌、亚马逊、脸书、腾讯和阿里巴巴等互联网平台企业在数据驱动型经济中具有巨大优势，它们不断成长并主导了关键的细分市场，渐渐形成一条全新的"数字价值链"。党的十九届五中全会审议通过的《中共中央关于制定国民经济和社会发展第十四个五年规划和二〇三五年远景目标的建议》中，也强调了平台经济对我国今后的经济增长、提高全要素生产率、促进制造业服务业融合发展和提升全球产业分工体系稳定性与安全性的重要性。对此，习近平总书记在2021年3月15日的中央财经委员会第九次会议上指出："平台经济有利于提高全社会资源配置效率，推动技术和产业变革朝着信息化、数字化、智能化方向加速演进，有助于贯通国民经济循环各环节，也有利于提高国家治理的智能化、全域化、个性化、精细化水平。"[1] 中央深改委发布的《关于加快建立网络综合治理体系的意见》和国务院办公厅印发的《关于深化商事制度改革进一步为企业松绑减负激发企业活力的通知》也开始重视依靠平台经济构建"党委领导、政府管理、企业履责、社会监督、网民自律等多主体参与的治理格局"。[2]

在此背景下，如何促进平台经济有序发展的平台治理问题成为我国各个领域的研究热点。部分学者关注大型互联网平台引发的垄断、不正当竞争等现象，以平台经济中政府如何保障市场的自由竞争作为平台治理的核心问题（程炼，2021）。也有学者聚焦互联网平台基于算法形成的技术秩序，以政府如何监管互联网平台的算法使用作为平台治理的研究重点（江小涓、黄颖轩，2021）。还有学者从政府角度出发，以如何将互联网平台企业的数字管理模式引入政府的数字化进程作为平台治理的主要目标（陈水生，2021）。关于前两类问题，即平台经济中的公平竞争和市场垄断与算法伦理和技术使用，学者往往将其当作平台治理研究的同类议题进行讨论（徐敬宏、袁宇航、巩见坤，2022），并由此形成了反垄断治理、内容安全治理、算法治理和用户权益保护等多种平行的治理方式（徐敬宏、胡世明，2022）。而第三类问题，即政府作为平台的平台治理，则更多被学者当作政

---

① 《习近平主持召开中央财经委员会第九次会议强调 推动平台经济规范健康持续发展 把碳达峰碳中和纳入生态文明建设整体布局 李克强王沪宁韩正出席》，http://www.xinhuanet.com/politics/leaders/2021-03/15/c_1127214324.htm，最后访问日期：2023年9月25日。

② 《综合协同 标本兼治 不断提升网络空间治理效能》，http://www.qstheory.cn/qshyjx/2023-02/02/c_1129330577.htm，最后访问日期：2023年9月25日。

府数字化的子问题进行单独探讨，未与前两类问题形成联系（张晓、鲍静，2018）。然而，无论研究视角是市场竞争、技术使用，还是政府数字化，这些平台治理的现有论述均以政府、企业与公众的"协同治理"为其落脚的必要原则与改革方向（梁正，2021；胡重明，2020）。

对此，本文将从平台治理的概念出发，厘清上述三种不同研究方向之间的关联，并据此指出平台治理的核心在于构建政府、企业和公众之间的协同关系。然而，既有的法律制度是基于过去政府对企业和公众的公共管理关系建立的，这种制度会阻碍平台治理中协同关系的构建。因此，本文将从法律制度的角度观察平台规模最大的中、美两国是如何为了促进平台治理中的协同关系开展法律改革，以及这些表面上不同的法律改革实践背后蕴含着何种共通的法治思想。

二 平台治理的三重含义与协同体系

（一）平台治理的三重含义

"平台"作为一种基于互联网的新型组织模式，通过信息的数字化和规模化处理，消除了传统价值链条中居于价值提供者与消费者之间的管道型守门人，并据此创造了社群反馈回路（帕克等，2017：15～58）。而"治理"则是相对于传统单一主体管理理念提出的、注重通过合理的制度构建促使多元主体共同做出行为决策的合作网络（Bevir，2011：1-16）。由此，可以将"平台治理"理解为多元主体基于互联网平台的信息处理和制度构建，以社群反馈回路的方式共同做出行为决策的合作网络。而根据上述的研究梳理可知，平台治理的概念还可以衍生出以下三重含义：为平台有序发展的治理（Governance for Platform）、对平台技术的治理（Governance of Platform）和基于平台的治理创新（Governance by Platform）。

首先，对于为平台有序发展的治理来说，由于平台的组织模式最早源于数字技术发展下的商业创新，所以平台革命也最先于市场领域兴起。这种市场领域的平台革命给政府维护市场秩序的管理方式带来了巨大挑战，尤其是平台革命使得市场中的供应规模经济（supply economies of scale）被需求规模经济（demand economies of scale）所取代，使政府用于认定企业不正当竞争或企业垄断的方法与标准难以继续适用（埃文斯，2016）。所以，依照平台的组织模式，重新探索政府保障市场自由竞争的规则与标准，便自然成为平台治理领域（为平台有序发展的治理）关注的话题。在此种平台治理的含义下，学者依旧关注的是政府与作为市场主体的互联网平台企业之间的监督关系。

其次，对平台技术的治理研究源于互联网平台企业基于平台算法获得的社会治理能力。随着经济与技术的不断发展，数字社会日益呈现碎片化、动态化和复杂化的趋势，依靠行政机关独自管理的行政管理体系因无法即时性做出精准、高效的管理决策，已很难满足数字社会的管理需求（Torfing，2005：305－315）。而互联网平台依靠用户反馈算法所营造的社区意识，激发了企业和社会公众在数字社会治理中的决策作用，为企业和公众参与社会管理提供了技术支撑（胡凌，2019）。因此，迫于数字社会的治理需求剧增，互联网平台企业依靠算法研发获得了越来越多的管理权力，这种权力又因为互联网平台企业的逐利性而极易遭到滥用。如何让互联网平台企业合理、正当地运用算法，保障企业与社会公众平等、有序地参与数字社会治理，便成为研究平台技术治理（对平台技术的治理）的关注点。在此种平台治理的含义下，企业与社会公众不再是被管理者，而是与政府共同进行社会治理的合作伙伴。

最后，基于平台的治理创新（Governance by Platform）研究则更多是一种平台革命从商业领域逐步渗入行政管理的推广愿景。主张"政府即平台"的学者认为，政府本质上也是一种集体组织模式。在该组织模式中，传统行政机关是作为连通公共价值提供者与消费者的"管道"，而这种管道是可以被平台所替代的。因此，为了利用计算机平台技术将传统的"管道"型政府转向"平台"型政府，需要通过去中心化的方式激发企业在搭建政府平台中的创新活力，并由政府构建初始的、核心的基础系统与参与规则，让其他主体在其之上进行应用拓展，即"平台型政府意味着政府将精简到其最基础的部分"（O'Reilly，2011：13－40）。因此，越来越多的学者主张将平台的组织模式推广到政府的现代化过程中，"追求一种更少控制，但有更多相互作用、网格化和协作化的组织机制，塑造一种以政府平台为中心，让其他主体有序参与的社会治理模式"（Janssen & Estevez，2013：1－8）。

自此以后，"平台化"（platformization）的概念便被提出。平台化是指互联网平台强企业在市场、公共管理和基础设施建设层面，对互联网、应用生态系统的渗透过程（Nieborg & Poell，2018）。基于平台的治理创新研究自然也就成为当代政府数字化转型的子课题之一。在此种平台治理的含义下，基于平台的治理创新实则是一种互联网平台企业对政府的解构与重塑过程，核心也在于企业与社会如何参与政府平台的建设过程。

综上可知，当下对平台治理的三个研究方向的切入角度与关注现象相差甚远，但实际均是聚焦平台革命时期的政府、企业与公众之间的关系变动，这也解释了为什么平台治理的不同研究方向最终都会落脚于构建政府、企业与公众之间的协同关系。

（二）平台治理中政府、企业与公众的协同关系

与传统行政管理模式不同的是，在平台治理模式下，政府、企业与公众的社会角色都将发生改变（见图1）。政府将作为多方利益相关者规则制定的促进者，而不是规则的唯一提供者。为了监督和执行，政府需要设计激励措施，鼓励企业、社区和个人积极参与这些治理过程。而企业将通过自我监管和架构成为规则的积极设计者，而不是被动地遵循既定规则。其需要对外解释规则和架构，并有望在确保对新技术或商业模式的信任方面发挥主导作用。社会公众则不再是缺乏足够信息的弱势行为者，他们也有望成为能够积极向社会传达其价值观并进行决策评估的行为者。政府可以通过适当设计和执行披露规则与竞争规则来授权这些活动。

由此可以看出，在平台治理中，政府、企业与公众之间的协同（collaboration）非常重要。政府与企业将通过平台的协同建设，实现资源节约与效率提升，为数字社会提供更加精准、动态的规则方式与架构设计。政府与社会公众将在平台上协同进行评估与监管，为数字社会提供多元价值的、全覆盖的行为或产品评估与监管。而企业与社会公众将通过平台协同进行内容、服务、产品等价值创造，激发市场中的创新动力并保障各主体间的自由竞争。

前两者涉及政府与企业和政府与公众的协同，这已经成为近几十年来公共管理学研究的热议话题，如协作式公共管理（Collaborative Public Man-

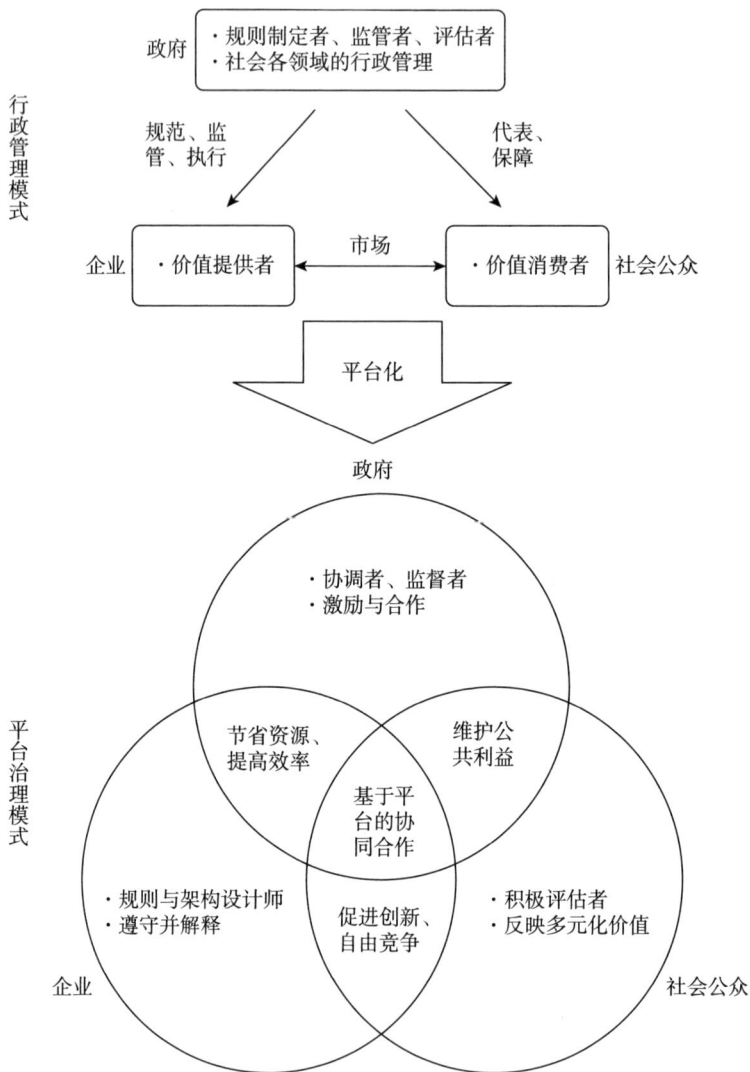

图 1　平台化中政府、企业与公众的角色转变

agement）、合作治理（Collaborative Governance）、多中心治理（Polycentric Governance）、整体政府（Whole of Government）等（Ansell & Gash, 2008；敬乂嘉, 2015；Ostrom, 2010；Perri, 2004）。这些协同理论的研究更多是对平台革命引起"市场失灵"和"政府失灵"的政府改革的回应（徐嫣、宋世明, 2016）。而企业与社会公众的协同关系则更多被系统科学中的"协同学"（synergetics）或"协同论"所讨论。他们所关注的更多是互联网平台上的社会自组织现象（Haken，1988）。在上述两种研究视角下，政府、企业与公众基于互联网平台的协同合作成为数字社会治理研究的重要目标。

在此平台治理的协同体系下，本文将从法律制度的角度来阐述政府行政管理模式形成的法律制度体系给当代平台治理造成的协同困境，并总结中国和美国应对此种协同困境所做出的法律制度改革。

三　行政管理模式下的法律制度及其对平台治理协同的阻碍

（一）工业革命时期形成的政府行政管理模式

由政府独自对社会各个领域进行行政管理的模式始于 19 世纪末的工业革命。在此之前，政府仅在有限的公共领域对公共事务进行必要的管理。如美国在建国初期仅有战争部、财政部、海关署等少数部门，并且它们也仅在国防、外交、财政和邮政等领域开展活动（王军，2019：30）。而在工业革命后，以铁路业为代表的商业竞争产生了大量的社会治理需求，自由放任主义思想无法再为工业时代下的国家治理建设提供指导，国会据此颁布了《州际商业法》，并建立了现代政府行政机关的雏形——州际商业委员会（Cass，Diver，& Beerman，2020：124）。当时的美国最高法院为了实现公共治理的目标，授予了行政机关宽泛的公共决策权力。对此，最高法院解释：法官在工业革命后的复杂社会中缺乏社会管理的专业知识与技术能力，法律制度应当赋予具备规制能力的行政机关在这些领域的立法、执法权，以行政机关为核心的行政法律体系便据此逐步形成（施瓦茨，1989：190）。自此以后，由行政机关的专业人员对特定领域的公共事务进行决策和监管的行政管理模式在社会各领域普及开来，劳动关系委员会、证券交易委员会、通信委员会和社会保障委员会等各类社会事务的行政机关大量增加，政府对于社会生活各领域的管理权力越来越大（Mashaw，2010：1362）。

这种政府行政管理模式包含了如下四项基本内容。其一，政府需要设立相应的市场准入门槛，以此保障进入特定领域的市场主体符合一定的政府标准，并由此控制市场内的主体数量。例如，在道路交通领域，政府通过设立特许经营牌照来解决运营车辆的安全和数量问题；在餐饮服务领域，政府通过设立食品卫生许可证、排污许可证和餐饮服务许可证等一系列行政许可证件来解决餐厅的食品卫生、环境污染等问题；在信息内容生态领域，政府通过对出版社、广播台等信息发布者的行政审批来管理公共流通领域的信息内容。其二，政府需要制定统一的行为规则，以此规范市场主体的相关行为。例如，在道路交通领域，政府需要制定公交车、出租车等运营车辆的定价规则、车辆和司机管理规则等来规范道路交通运营行为；在餐饮服务领域，政府通过制定食品卫生规则和服务人员行为规则来规范餐饮服务行为；在信息内容生态领域，政府通过制定违法信息审查规则来规范信息发布行为。其三，政府需要建立相应的巡查机制，以此督促市场主体的行为合规。例如，在道路交通领域，政府需要交警来打击黑车运营和出租车不规范运营行为；在餐饮服务领域，政府需要市场监督管理局对餐饮服务主体进行证件审查与卫生抽检；在信息内容生态领域，政府需要由出版局、广播电视局对出版社、广播台和电视台等信息发布者进行资格核查和违法信息内容筛查。其四，政府需要建立完备的问责机制，以此对违规主体进行处罚。例如，政府会在各个领域设立相应的问责规则，并对违规主体处以罚款、吊销营业执照等行政处罚。基于上述四项基本职责，政府得以实现独自对社会各领域的管理，而法律制度为了适应这种政府行政管理模式，也形成了以行政法为主的公法和以公司法为例的私法二元对立的体系。

但是基于行政管理模式发展出的公法和私法二元分立制度体系阻碍了平台治理中政府、企业与公众的协同合作。这种阻碍一方面体现为工业社会的行政法无法为互联网平台企业的参与治理提供正当条件，另一方面体现为工业社会的公司法无法为公众的参与治理提供合法保障。这便是工业革命时期形成的法律制度体系所引发的平台治理协同困境。

（二）工业革命时期形成的行政法律制度对平台治理协同的阻碍

基于工业革命时期形成的行政管理模式发展出的行政法律制度包含了两项内容：一是授权行政机关制定并执行的市场准入制度，二是制定以控制能力为认定标准的监管问责制度。

首先，行政机关的市场准入制度依赖政府对市场主体进行事前的资格审查来保障市场秩序，而互联网平台企业的运营模式往往会打破事前审查模式，利用用户评分和声誉机制来塑造市场秩序，但这是违反市场准入制度的。例如，自 2016 年市场监管部门开展"净网行动"以来，仅宁波市就在 2 年时间里通过外卖平台查处无证经营商家案件共 61 起，处罚外卖平台企业和商家近 400 万元。北京市食药监局多次查处无照无证外卖商户，并对外卖平台企业立案处罚。在政府部门的严厉打击下，部分网约车平台用户为了逃避政府查处而放弃通过线上平台运营，重新以黑车的方式进行违规拉客。

其次，工业社会以控制能力为认定标准的监管问责制度也会让互联网平台企业的积极自治行为成为连带责任认定的根据，进而打击了互联网平台自治的积极性。并且在这种问责制度下，相比起难以确定且偿付能力较差的直接侵权用户，互联网平台企业作为易确定且具有强大赔付能力的风险控制者，更容易成为违法案件中的被告。以控制能力为连带责任认定标准的侵犯法律制度让互联网平台企业背负了难以估计的潜在成本，许多互联网平台企业为了规避因控制而产生的民事责任，选择对用户不进行任何干涉与约束来逃避连带责任的认定（Kosseff，2017）。这严重打击了互联网平台企业参与社会治理的积极性，反而让互联网平台企业萌生了掩盖用户违法信息的动机。

最后，工业社会的法律制度缺乏行政机关对互联网平台企业管理模式的引导与监管，这导致互联网平台企业很容易滥用其基于数字技术产生的管理权力，互联网平台企业可以利用群体分类与阶层划分的标准来诱骗与剥削用户。例如，Uber 在美国因通过歪曲或协助他人歪曲其平台上司机的历史收入信息，以及发布虚假的融资或租赁车辆的条款来诱使更多用户加入司机群体而遭到起诉；Uber 在 2020 年 11 月因擅自更改评级系统算法并拒绝说明降级理由而在英国遭到起诉。互联网平台企业基于网络架构的助推管理模式也能让它潜移默化地操控用户选择。对此，已有学者对社交媒体平台普遍应用的自动推荐系统进行了研究，研究发现用户的每一次页面刷新，系统都会自动更新我们的标签与画像，并依据企业的盈利意图向我们重新推送修正好的信息内容，在这些被精准修正后的信息不断被消费者接受后，就会植入一种无意识的习惯，让我们的思维与行为被深层次地编码（Zuboff，2018：26－32）。Facebook的数据科学家们在他们的论文中就描述了一个"海量规模蔓延实验"：Facebook将用户的阅览新闻分成不同的项目组，然后使用自动化的语言分析工具，分析这些用户的历史阅读数据来判断特定新闻对用户情绪状态的影响，并据此优化平台对用户的新闻推送（Cohen，2017：134）。学者也发现构建社区意识的声誉反馈系统极其容易受到互联网平台企业的操控与影响（Acevedo，D.，2018）。一些学者通过对平台用户行为选择的实证研究发现，当用户缺乏互联网平台企业的管理规则信息时，他们的每一次选择都会面临极大的不确定性，这种信息不对称严重限制了他们选择的自主性，虽不会上升到直接干预的水平，但会让他们无法进行有意义的选择（Deepa Das Acevedo，2016）。

（三）工业革命时期形成的公司法律制度对平台治理的协同阻碍

在工业社会的公司法律制度中，政府与公司往往是一种治理与被治理的关系，并且制度的关注点往往是公司、股东、潜在投资者、职工、债权人等公司内部成员之间的利益关系（叶林，2021：14~24）。因此，这些公司法律制度并没有为互联网平台企业外部的平台用户参与平台规则的制定与修改提供渠道保障，反而是对商业秘密的保护为互联网平台企业滥用其公共管理权力提供了黑箱化的正当理由。这是由于工业社会的公司法律制度倾向于将公司的本质认定为一种社会治理客体的市场机制，而非具有公共管理职能的社会组织。自1937年科斯以经济学视角将公司的本质认定为一种通过合同结构给予资本家限定指挥权来调配生产要素的价格替代机制后，公司治理制度的研究便难以绕开这项由经济学得出的基本前提（Coase，1937）。虽然随着公司规模的不断扩大、涉及领域的不断延伸，许多学者围绕这项基本前提展开了争论，并提出了企业的社会责任，但均未颠覆将公司认定为一个具有独立性的市场机制前提的认知（上海证券交易所研究中心，2007：4~5）。其中最著名的论述便是弗里德曼在1970年提出的。"公司管理者是股东的雇员，公司作为一种市场工具当且仅当为其所有者——股东的利益最大化而服务，而非用着股东的钱去服务社会时，才不会破坏市场的自由秩序。所有的公司有且仅有一个社会责任，那就是在遵守程序和商业规则的前提下，尽可能地从事一切增长其利润的活动。"

（Friedman，1970：13）在这种基本前提下，互联网平台企业对互联网平台上的代码构建和规则制定均被认定为一种公司内部的商业决策，公司法律制度也就无法为用户通过互联网平台参与社会治理提供制度保障。

因此，公司法律制度对互联网平台企业的治理就面临如下三点困境。首先，数字社会的平台治理不得不依赖于互联网平台企业的代码构建和规则制定，但如果仅仅将互联网平台企业认定为一种市场机制，那么互联网平台企业的代码构建和规则制定只能被当作公司追求利益最大化的内部决策，这无法满足维护公共利益的治理需求。其次，将互联网平台企业仅仅认定为公司则需要尊重其独立性与商业秘密，政府与公众没有获取社会治理所需信息的渠道，更没有参与互联网平台代码构建和规则制定的路径，这无法实现公共权力的共享。最后，将互联网平台企业认定为市场机制将会导致社会治理决策只能由互联网平台企业独自做出，政府和公众只能从事后结果了解其治理效果并问责，进而引发数字社会的风险聚合与增幅效应。

综上，由于行政法律制度无法为互联网平台企业提供参与社会治理的正当条件，公司法律制度无法为平台用户提供参与社会治理的合法保障，数字社会的平台治理转型就面临公共秩序维护与平台经济发展的冲突、企业技术创新与用户权益保障的矛盾等无法调和的数字治理困境。

四　中国和美国应对平台治理协同困境的法律改革

中国和美国，作为全球互联网平台规模较大的两个国家，在应对数字社会平台治理的协同困境方面也有着较丰富的实践经验。但两国应对协同困境的法律改革方式有所异同。在面对工业社会行政法律制度对互联网平台企业参与社会治理的阻碍时，美国通过创设宽泛的责任豁免制度来清除工业社会行政法律制度的阻碍，为互联网平台企业的参与治理提供了自由空间。而中国则将互联网平台企业认定为公共管理者，通过为互联网平台企业设立私法上的责任豁免和公法上的行政规制责任，让互联网平台企业具有了公共管理的正当性。在面对工业社会公司法律制度对公众参与社会治理的阻碍时，中、美两国则均以设立互联网平台企业的信息公开责任来保障用户的参与途径。在此，本文将以具体社会领域的制度改革比较进行阐述。

（一）中、美促进互联网平台企业参与社会治理的制度改革比较

首先，在交通运营监管制度方面。美国作为网约车平台的发源地，其在面对交通运输部门的行政规章对网约车平台的管理造成阻碍时，通过立法创设了一个全新的法律主体——交通网络公司（Transportation Network Company），该主体下的车辆服务无须受到行政机关的市场准入制度与问责制度的约束。例如美国 Colorado 颁布的《交通网络公司法案》规定，"交通网络公司"本质上是运用私家车辆为有需求的人群提供客运服务的网络中介，因此，网约车的运营价格、数量和运营规则不受有关出租车的行政法规限制。而加州的公共事业委员会也声明，交通网络公司管理的私家车并不适用出租车行业的市场准入标准，哥伦比亚特区也有同样的规定。与此同时，为了应对网约车出现后所引发的出租车行业发展困境（如相比网约车，出租车的运营成本高昂、利润较低且服务态度差等），洛杉矶市出租车委员会同意放松对出租车的行政规制，将行政机关对出租车的规制模式转换为现代平台企业的管理模式（李烁，2017）。由此，美国实现了交通运营车辆管理方面的制度改革，从工业社会的政府行政规制模式转变为互联网平台企业的自主管理模式。

而中国对网约车监管的制度改革选择了不同方向。2016 年中国交通运输部发布了《网络预约出租汽车经营服务管理暂行办法》，此后各省、市交通运输部门也分别发布了改革落地的实施细则，其中主要包含了以下四个方面的要求：（1）各地方政府能够规定网约车驾驶员的准入条件；（2）由出租汽车行政主管部门根据当地情况，规定各地网约车车辆的准入标准和运营要求；（3）各地方政府可以对网约车的价格实行政府指导；（4）网约车运营必须持有"网络预约出租汽车运输证"（王静，2018）。此外，中国各地方的交通运输部门还利用行业内指导、解释和培训等多重方式对网约车平台企业进行管理约束。因此，中国虽然是首个以国家法律形式赋予网约车合法地位的国家，但中国通过行政法规将大量行政机关的社会管理责任施加给了互联网平台企业，要求企业依照政府的管理思路来监管网约车，

由此保障政府与互联网平台企业在交通运营车辆方面的管理统一性。

其次，在网络信息内容监管制度方面。由于互联网产业的蓬勃发展，中、美两国作为互联网大国，都面临网络违法信息泛滥的问题。政府依赖对出版社、分销商等信息发布主体进行行政管理的规制模式已无法满足人民的信息交互需求，个人公众号、微博等自媒体大量涌现，这让中、美两国都意识到必须促使互联网平台企业参与到网络信息内容生态的治理之中。美国为了打破出版者责任对企业主动控制用户信息内容的制度阻碍，于1996年出台了《通信规范法》，其第230条赋予平台企业对于控制用户发布的违法信息内容享有一定的法律责任豁免（Lessig，1998：629）。在《通信规范法》出台后，为了鼓励平台企业主动进行用户信息的违法审查，美国法院通过Zeran案、America Online案等一系列的案件判例，进一步扩大了《通信规范法》所规定的法律责任豁免范围，让美国平台企业有了宽泛的法律空间对用户信息进行管控。在有了法律制度的保障后，美国平台企业出于营造良好的内容生态环境目的而积极地对用户信息进行管理，并且不断研发新的技术管理模式。如Facebook通过代码设计的网络架构，使用户可以在他们认为包含了违法内容的帖子旁边进行投诉与举报，随后平台企业的员工会进行人工审查并决定是否删除。此外，许多平台企业也主动开始研发信息过滤系统，以此自动查找并过滤那些用户发出的违法内容，如美国的视频媒体平台已广泛利用哈希值匹配技术来查找并过滤儿童色情视频。甚至一些美国平台会要求用户在发表评论时，必须对随机选择的两篇评论的文明程度进行评分，然后再由企业的工作人员手动审查绝大多数用户认为不文明的评论（Kosseff，2017：32）。

而中国则在私法上赋予责任豁免的同时，为互联网平台企业施加了许多公法性审查义务，以此督促企业履行行政机关的违法信息规制责任。如中国2009年颁布的《侵权责任法》第36条借鉴了美国的避风港规则，赋予了企业在民事侵权领域一定的责任豁免范围。但在2012年发布的《全国人民代表大会常务委员会关于加强网络信息保护的决定》第5条、2016年颁布的《网络安全法》第47条等法律规范中明确规定了互联网平台企业负有审查用户信息、控制违法信息的行政管理义务（姚志伟，2018）。与此同时，为了与互联网平台企业的公法审查义务相配套，《中华人民共和国刑法修正案（九）》增添了"网络服务提供者不履行法律、行政法规规定的信息网络安全管理义务，经监管部门责令采取改正措施而拒不改正，有下列情形之一的，处三年以下有期徒刑、拘役或者管制，并处或者单处罚金"①。最高人民法院和最高人民检察院对此还联合发布了《关于办理非法利用信息网络、帮助信息网络犯罪活动等刑事案件适用法律若干问题的解释》。在这一系列的公法规范下，中国的互联网平台企业为了避免行政处罚和刑事责任，开始对用户发布的信息内容进行严格管制。例如，腾讯在政府有关部门发布了《互联网用户公众账号信息服务管理规定》后，立马公示了《微信个人账号使用规范》《微信公众平台运营规范》等平台规范，开展专项审查行动，删除了大量用户发布的违法违规内容，并对部分用户实施了永久封号处理。

最后，在知识产权保护制度方面。娱乐媒体平台的出现方便了人们的内容创作与分享，You Tube、抖音等网络平台上出现了大量的内容创作者与音频、视频作品。但这同时给知识产权的保护带来了挑战，面对浩如烟海的用户作品，政府行政机关无法依靠传统的方式进行逐一审查。因此，促使互联网平台企业主动进行版权保护已成为最优方案。美国在《通信规范法》出台后，其延续了制度改革思路，于1998年颁布了《数字千年版权法》，以此降低基于"控制"标准的版权责任对企业管理用户内容带来的巨大潜在成本。在《数字千年版权法》中，美国国会设立了企业豁免版权责任的条件，如判断对侵权事实是否缺乏认知的"红旗"规则、收到侵权通知后是否立即删除侵权内容的"通知－删除"规则等，以此为互联网平台企业出于打击盗版或侵权内容的用户信息控制提供法律空间（赵泽睿，2020）。美国法院在Viacom诉YouTube等案件判决里也不断重申，《数字千年版权法》赋予了企业积极监控用户内容是否侵犯版权的责任豁免空间，企业不需为控制了用户发布的盗版或侵权内容而承担间接侵权责任。

中国在应对平台革命引发的知识产权保护困境时，虽然借鉴了美国《数字千年版权法》创设的"通知－删除"规则和"红旗"规则，在私法层面上给予了平台企业责任豁免空间，但增设了公法上的审查义务，要求

① 参见《中华人民共和国刑法修正案（九）（主席令第三十号）》，https://www.gov.cn/zhengce/2015－08/30/content_2922323.htm，最后访问日期：2023年9月25日。

平台企业主动进行违法审查，并在审查后必须向行政主管机关报告。如中国在《侵权责任法》第 36 条和《电子商务法》第 42 条规定了平台企业的"通知－删除"规则，最高人民法院也在《关于审理侵害信息网络传播权民事纠纷案件适用法律若干问题的规定》中明确规定，企业不需为主动审查用户内容是否违法而承担民事责任。然而，北京市高级人民法院在《关于审理涉及网络环境下著作权纠纷案件若干问题的指导意见（一）》（试行）第 17 条指出，企业虽不因主动审查而承担民事责任，但依照法律及其规定具有审查义务的，应当对违法内容进行审查（姚志伟，2019）。《电子商务法》第 41 条也明确规定了企业应当建立知识产权保护规则、加强保护知识产权的审查义务。在这些法律规范的督促下，互联网平台企业将承担对盗版与侵权内容进行流动控制的行政规制义务。

（二）中、美保障社会公众参与数字社会治理的制度改革比较

最早开始通过信息公开责任来保障互联网平台企业进行公共管理的是美国联邦贸易委员会（Federal Trade Commission）。其最初作为一个维护市场竞争秩序的美国行政执法机关，在面对 21 世纪初的平台治理困境时发现互联网平台运营与特许经营运营的相似性，并将信息公开责任应用到了互联网平台公司的治理之中，以此保障了用户对数字治理的参与渠道（McSweeny，2017：1032）。例如，美国联邦贸易委员会通过诉讼要求推特、脸书等社交平台在采集用户个人数据时必须向用户准确地公开数据的收集和安全保障规则，并获得用户同意。在美国国家劳动关系委员会、劳动部和平等就业机会委员会在面对优步平台引发的劳动风险而踌躇于劳动关系认定时，要求优步平台向意图加入的用户公开所有以前司机的历史收入信息、终止原因、退出机制和车辆租赁计划等一系列信息，有效保障了优步平台上的用户选择权。其近几年对互联网平台企业设立各项信息公开责任的治理实践经验也为美国提出《平台问责和透明度法案（草案）》奠定了重要基础。在美国联邦贸易委员会的治理实践基础上，通过为互联网平台企业设立信息公开责任来保障公众在数字治理方面的参与渠道，已经成为美国国会应对数字社会平台治理挑战的方式之一。美国国会在 2021 年 3 月 26 日关于修订《通信规范法》第 230 条的听证会上，表明要增设互联网平台

企业对平台内容删除规则与原因的信息公开责任，脸书、谷歌和推特的执行董事对此均表示认同。^① 在 2021 年 5 月 27 日，美国参议员 Edward J. Markey 和众议员 Doris Matsui 联合提出的《算法正义和在线平台透明度法案》中，互联网平台企业的信息公开责任也成为法案的主要内容。^② 在美国联邦贸易委员会和国会的影响下，脸书自 2018 年 5 月以来，便开始主动以季度为周期向公众发布平台内容治理的透明度报告，向社会公众公开其治理网络信息内容生态的相关信息。

与美国相似的是，中国也要求互联网平台企业在进行治理决策时做到民主透明、允许用户参与、接受公众监督。例如，2021 年 4 月 24 日的网络安全大会便要求互联网平台企业应当有一套民主、透明的程序，来保障平台自治时的社会监督与民众参与。

首先，这些法律制度要求互联网平台企业向用户公开涉及用户利益的相关平台规则与决策。如对个人信息保护的治理，《网络安全法》第 41 条要求互联网平台企业公开个人信息收集、使用规则，明示收集、使用信息的目的、方式和范围，并获得用户同意。《个人信息保护法》第 17 条则要求互联网平台企业以显著、清晰易懂的语言向用户告知个人信息处理的身份、处理目的、处理方式、处理的信息种类和保存期限，以及用户行使相关权利的方式和程序。用户对这些公开规则不理解的，可以依照《个人信息保护法》第 48 条要求企业对这些规则进行解释说明。对于网络信息内容生态的治理，《网络信息内容生态治理规定》第 15、17 条要求互联网平台企业公开平台内容管理规则和用户公约，并公开网络信息内容生态治理工作年度报告，年度报告应当包括网络信息内容生态治理工作情况、网络信息内容生态治理负责人履职情况、社会评价情况等内容。对于电子商务的治理，《电子商务法》第 33 条和第 34 条、《网络零售第三方平台交易规则制定程序规定（试行）》第 6 条和第 9 条要求互联网平台企业在显著位置公示平台服务协议和交易规则，并在制定、修改和实施基本规则等相关平台

---

① 《拜登任内，230 条款将何去何从》，https://mp.weixin.qq.com/s/VPIjyQiI8FXu-UT7o97NdQ，最后访问日期：2023 年 9 月 25 日。

② 《【前沿】算法正义和在线平台透明度法案中译本》，https://mp.weixin.qq.com/s/XCvR72Ezm9Lk0PGDBfNmHg，最后访问日期：2023 年 9 月 25 日。

规则时向用户进行公示。

其次，这些法律制度要求互联网平台企业建立平台规则设立的用户参与渠道，保障治理决策时的用户选择权。如对个人信息保护的治理，《个人信息保护法》第 24 条还要求互联网平台企业在利用自动化决策方式做出对个人权益有重大影响的决定时，应向用户进行解释说明，并且用户有权拒绝。对于电子商务的治理，《电子商务法》第 34 条、《网络交易监督管理办法》第 28 条和《网络零售第三方平台交易规则制定程序规定（试行）》第 7 条要求互联网平台企业在修改平台服务协议和交易规则时，应当在其首页显著位置公开征求意见，采取合理措施确保有关各方能够及时充分表达意见，通过合理方式公开收到的意见及答复处理意见。

最后，这些法律制度要求互联网平台企业定期公开其平台治理成效并开放社会监督渠道，据此让互联网平台企业根据公众的监督与意见修改完善其平台治理的规则并促进实践。如对个人信息保护的治理，《个人信息保护法》第 58 条要求那些提供重要互联网平台服务、用户数量巨大、业务类型复杂的互联网平台企业，应当成立主要由外部成员组成的独立机构来对企业的个人信息保护情况进行监督，并定期公布个人信息保护社会责任报告，接受社会监督。对于网络信息内容生态的治理，《网络信息内容生态治理规定》第 33 条还要求各级网信部门建立政府、企业、社会、网民等主体共同参与的监督评价机制，定期对本行政区域内网络信息内容服务平台生态治理情况进行评估。对于电子商务的治理，《电子商务法》第 36 条和《网络交易监督管理办法》第 30 条还要求互联网平台企业在对平台内经营者进行违规处罚时必须对处罚对象、处罚原因、处罚措施等信息进行公示，并接受公众监督。

五　平台治理协同关系的法律基础

由上可知，无论是中国还是美国，为了推动数字社会的平台治理协同，都需要通过制度改革来打破工业革命时期形成的、公私对立的既有公共权力结构。通过比较工业革命时期与平台革命时期社会治理转型的制度改革理念，可以发现，社会治理结构的每次迭代转型过程，必然面临权力结构的多元化与复杂化，进而引发权力滥用与冲突。而法治理念便是要通过法律制度的改革和创新支撑起多元化的权力结构，使得多元主体的管理模式与权力结构通过统一的法律制度而运转自如、协调相洽（季卫东，2014：6）。

（一）法律改革对社会治理转型的支撑作用

在美国建国初期，立法、司法和执法三权分立的原则使得政府仅仅具有执行法律的权力，而不具有立法与司法的职能。在此种权力结构下，政府基于社会管理的行政制裁必须得到立法机关的授权，而政府的相关决策也必须接受法院的审查（Stewart，1975：1667）。但由于19世纪的工业革命给国家的农业、商业、公共建设和劳动保障等领域带来了运作范式的变革，社会治理的规模急剧扩大，进而引发社会各领域出现大量的规制需求，美国政府为了满足社会发展带来的规制需求而设立了突破传统政府权限的州际委员会。这便意味着美国需要打破传统的社会治理框架，建立一个在专业领域享有有限的立法、执法和司法权力的行政机关。美国国会为了回应这种社会治理转型的需要，解决转型过程中的权力纷争，便通过《州际商业法》赋予了州际委员会进行社会管理的合法地位（Cass，Diver，& Beerman，2020：124）。并为了控制政府不断扩张的行政权力，美国国会又接连颁布了《行政程序法》、《信息自由法》和《阳光下的政府法》等一系列的法律制度，美国的行政法律体系为支撑工业革命下的社会治理模式转型而得以发展兴盛（王军，2019：41～56）。所以，莫里斯·奥里乌在谈及政府权力与法律之间的关系时才会说：社会治理主体的权力，实际上先于实证法对权力的规定；法律的起源也不能在法律规定之中探寻，而应在以命令解决权力纷争的决断中寻找（沃格林，2018：53）。

而这对于正在经历数字时代变革的现代国家来说也是如此。互联网科技的普及使现代社会的生活方式发生了巨变，导致仅依靠行政机关监管的行政管理模式难以满足现代社会的发展需求，推动基于互联网平台的平台治理已经成为现代国家的社会治理基石。但由于数字社会平台治理模式缺乏法律制度的支撑，这一方面导致互联网平台企业参与社会治理缺乏正当性依据，进而阻碍了互联网平台企业的积极参与，另一方面导致用户缺乏通过互联网平台参与社会治理的合法性保障，进而引发互联网平台企业滥用管理权力侵犯用户权益。为了解决数字社会治理模式转型带来的权力纷争，当代法律制度改革就必须打破既有的权力结构，通过制度创新来防范工业治理模式向数字治理模式转型过程中的风险及解决带来的冲突，为数字社会的平台治理范式提供制度支撑。

（二）法律在平台治理协同关系中的"媒介"与"调和"作用

而为了支撑起数字社会的平台治理，中、美两国近年来发布的相关法律主要起到了如下两个方面作用：一是能够将互联网平台的自组织机制纳入正式组织机制，起到一种将非正式组织秩序向正式组织秩序转换的"媒介"作用；二是界定政府、企业和公众在数字社会中的治理角色及划分三者的权力边界，起到统筹、协调政府权力和互联网平台企业权力与公众权利的"调和"作用。

对于法律的"媒介"作用。根据上文所述，互联网平台基于数据和算法构建起的声誉反馈系统，利用人们的社区意识塑造出了数字时代的自发组织秩序。面对这种自组织化的、非正式的秩序产生机制，国家有两种选择：一是借助国家强制力破除这种机制，使得国家权力直接渗透到线上社区，进而使其贯彻落实法律与行政命令；二是通过操纵符号的方式，维持并利用互联网平台企业构建出的线上社区来形成国家秩序，把信息时代产生的自组织机制纳入法律体系，在依照程序规则制约这种社会性权力的同时，让它与政府权力达成平衡。第一种方式在历史上曾有多次尝试，但基本都未达到预期效果（季卫东，2014：63～64）。并且第一种方式将会扼杀平台经济的发展和阻碍信息时代的变革，国家的数字经济与国民的数字生活都将面临倒退的危机。而第二种方式则需要在两个方面来推进：一是需要平台责任制度将互联网平台企业追逐利益最大化的商业决策转化为符合社会治理需求的公共决策，以此为互联网平台企业的参与治理提供正当化依据；二是将平台责任制度的法言法语对互联网平台上私人性的妥协、合意与共识进行解释技术上的加工，使之具有可比性和可沟通性，从而把商业的契约性关系转化为抽象的社会共识，以此保障数字治理的民主性（季卫东，2014：66–67）。具体来说，平台责任制度中的责任豁免认定、行政规制责任和信息公开责任能够保障互联网平台企业的代码建构和规则制定受到政府的监督与指导和公众的认可与参与，进而将其追逐利益最大化的商业决策转化为符合利益相关者需求的公共决策。

对于法律的"调和"作用。上文已经阐述了工业社会的行政法律制度与互联网平台企业的社会治理模式相互冲突。而为了协调政府监管与企业管理，平台责任制度便需要清除市场准入门槛，建立免责机制。例如我国2019年发布的《国务院办公厅关于促进平台经济规范健康发展的指导意见》明确指出了要加快建设各领域的免责机制，允许互联网平台企业在合规经营的前提下探索不同的管理模式，避免将政府监管责任转嫁给企业，并且政府要降低平台经济相关市场主体的准入门槛，放宽融合性产品和服务的准入限制，清理制约平台经济健康发展的行政许可、资质资格等事项。此外，平台责任制度通过合理分配政府、企业和公众的不同法律责任，有效保障多元主体共享的公共权力运行，企业需要对其虚假披露或不充分公开的治理行为负责，公众需要对违反平台规则的治理行为负责，政府则需要对企业与用户的合规治理行为负责。由此，政府、企业和公众通过互联网平台有序组成了一个有机的社会治理共同体，社会的数字化转型风险也就合理地分散到各主体身上。

六　结语

"实际上，现代法治国家的原理归根结底就是一句话，以一元化的法律体系来支撑多元化的权力结构，使得分权制衡的制度设计通过统一的法律规则而运转自如、协调相恰。"（季卫东，2014：6）在平台治理和数字时代治理的双重变革浪潮中，社会的权力结构会因治理模式的转型而日益多元化和复杂化，法律制度的改革与创新便需要统合与协调政府和企业基于数字技术获得的新型权力，将数字社会的新型自组织机制转化为正式组织机制，调和既有权力与新型权力之间的矛盾与冲突，进而避免社会变革引发的权力纷争。为达此目的，平台治理的法学研究一方面要突破既有的部门法限制，通过跨部门研究来寻求法律制度改革和创新的理论基础，另一方面则需要关注数字社会的运作原理与治理实践，以此才能理解制度改革与社会变革之间的联系，在日益纷繁复杂的制度创新中把握共通的法治理念。

参考文献

埃里克·沃格林，2018，《新政治科学》，段保良译，北京：商务印书馆。

伯纳德·施瓦茨，1989，《美国法律史》，王军等译，北京：政法大学出版社。

陈水生，2021，《数字时代平台治理的运作逻辑：以上海"一网统管"为例》，《电子政务》第 8 期，第 2～14 页。

程炼，2021，《数字经济时代大型互联网平台的治理》，《社会科学战线》第 9 期，第 87～96 页。

戴维·S. 埃文斯，2016，《平台经济学：多边平台产业论文集》，周勤、赵驰、侯赟慧译，北京：经济科学出版社。

胡凌，2019，《数字社会权力的来源：评分、算法与规范的再生产》，《交大法学》第 1 期，第 21～34 页。

胡重明，2020，《"政府即平台"是可能的吗？——一个协同治理数字化实践的案例研究》，《治理研究》第 3 期，第 16～25 页。

季卫东，2014，《通往法治的道路：社会的多元化与权威体系》，北京：法律出版社。

江小涓、黄颖轩，2021，《数字时代的市场秩序、市场监管与平台治理》，《经济研究》第 12 期，第 20～41 页。

杰奥夫雷·G. 帕克、马歇尔·W. 范·埃尔斯泰恩、桑基特·保罗·邱达利，2017，《网络平台革命：改变世界的商业模式》，志鹏译，北京：机械工业出版社。

敬义嘉，2015，《合作治理：历史与现实的路径》，《南京社会科学》第 5 期，第 1～9 页。

李烁，2017，《论网约车规制的美国模式及其最新探索》，《公法研究》第 17 期，第 196～216 页。

梁正，2021，《互联网平台协同治理体系构建——基于全景式治理框架的分析》，《人民论坛·学术前沿》第 21 期，第 26～36 页。

上海证券交易所研究中心，2007，《中国公司治理报告（2007）：利益相关者与公司社会责任》，上海：复旦大学出版社。

王静，2018，《中国网约车新政的变革方向》，《行政法学研究》第 4 期，第 116～125 页。

王军，2019，《美国行政机关认定标准及变迁》，上海：上海人民出版社。

徐敬宏、胡世明，2022，《5G 时代互联网平台治理的现状、热点与体系构建》，《西南民族大学学报》（人文社会科学版）第 3 期，第 144～150 页。

徐敬宏、袁宇航、巩见坤，2022，《中国语境下的网络平台治理：关键议题、现有模式与未来展望》，《郑州大学学报》（哲学社会科学版）第 1 期，第 114～120 页、128 页。

徐嫣、宋世明，2016，《协同治理理论在中国的具体适用研究》，《天津社会科学》第 2 期，第 74～78 页。

姚志伟，2018，《公法阴影下的避风港——以网络服务提供者的审查义务为中心》，《环球法律评论》第 1 期，第 100～109 页。

姚志伟，2019，《技术性审查：网络服务提供者公法审查义务困境之破解》，《法商研究》第 1 期，第 31～42 页。

叶林，2021，《公司治理制度、理念规则与实践》，北京：中国人民大学出版社。

张晓、鲍静，2018，《数字政府即平台：英国政府数字化转型战略研究及其启示》，《中国行政管理》第 3 期，第 27～32 页。

赵泽睿，2020，《平台革命引发的美国版权责任变革及经验分析》，《电子知识产权》第 12 期，第 34～48 页。

Acevedo，D. 2016. "Regulating Employment Relationships in the Sharing Economy." *Employee Rights and Employment Policy Journal* 20：1－36.

Acevedo，D. 2018. Invisible Bosses for Invisible Workers，or Why the Sharing Economy Is Actually Minimally Disruptive. *The University of Chicago Legal Forum*，pp. 40－41.

Ansell，C.，& Gash，A. 2008. "Collaborative Governance in Theory and Practice." *Journal of Public Administration Research and Theory* 18：543－571.

Bevir，M. 2011. "Governance as Theory，Practice，and Dilemma." *The SAGE Handbook of Governance.* SAGE.

Cass，R.，Colin，D.，Jack，B. 2006. *Administrative Law：Cases and Materials.* Wolters Kluwer.

Cass，R.，Diver，C. & Beerman，J. 2020. *Administrative Law：Cases and Materials.* New York：Wolters Kluwer.

Coase，R. 1937. "The Nature of the Firm." *Economica* 4：386－405.

Cohen，J. 2017. "Law for the Platform Economy." *University of California Law Review* 51：134－142.

Friedman，M. 1970. "The Social Responsibility of Business Is to Increase Its Profits." *The New York Times Magazine*，September 13.

Haken，H. 1988，*Information and Self-Organization：A Macroscopic Approach to Complex Systems.* Springer-Verlag.

Janssen，M.，& Estevez E. 2013. "Lean Government and PlatformBased Governance—Doing

More With Less. " *Government Information Quarterly* 30: 1 – 8.

Kosseff, J. 2017. "Twenty Years of Intermediary Immunity: The US Experience. " *The Internet, Policy & Politics Conferences* 14: 28 – 37.

Lessig, L. 1998. "*What Things Regulate Speech: CDA 2. 0 vs. Filtering.* " *Jurimetrics* 38: 629 – 640.

Mashaw, J. 2010. "Federal Administration and Administrative Law in the Gilded Age. " *The Yale Law Journal* 119: 1362.

McSweeny, T. 2017. "FTC 2. 0: Keeping Pace with Online Platforms. " *Berkeley Technology Law Journal* 32: 1032 – 1042.

Nieborg, D. , & Poell, T. 2018. "The Platformization of Cultural Production: Theorizing the Contingent Cultural Commodity. " *New Media & Society* 11: 4275 – 4292.

O'Reilly T. 2011. "Government as a Platform. " *Innovations Technology Governance Globalization* 6: 13 – 40.

Ostrom, E. 2010. "Beyond Markets and States: Polycentric Governance of Complex Economic System. " *American Economic Review* 100: 641 – 672.

Perri. 2004. "Joined-Up Government in the Western World in Comparative Perspective: A Preliminary Literature Review and Exploration. " *Journal of Public Administration Research and Theory* 14: 103 – 138.

Stewart, R. 1975. "The Reformation of American Administrative Law. " *Harvard Law Review*, 88: 1663 – 1674.

Torfing, J. 2005. "Governance Network Theory: Towards a Second Generation. " *European Political Science* 4: 305 – 315.

Zuboff, S. 2018. *The Age of Surveillance Capitalism: The Fight for a Human Future at The New Frontier of Power.* New York: Public Affairs.

数字时代治理"浪潮"中的日本数字政府治理：
战略演进、问题与经验

曹冬英　王少泉 *

摘　要　在数字时代治理"浪潮"持续演进的大环境中，日本数字政府治理过程中依次出现 E 战略、U 战略、新 IT 改革战略、i 战略、超智能社会（社会5.0）战略和 NFT 战略，这一演进具有多种特征。分析日本数字政府治理情况可以发现其中存在不平衡问题：不同领域的治理水平不平衡、不同地方的治理水平不平衡、不同群体的受益程度不平衡。这些问题主要归因于：多元主客体的参与意愿和参与能力存在差异、不同地方的建设基础不平衡、不同群体的条件及能力等存在差异。基于这些分析能够发现一些可供中国借鉴的治理经验。

关键词　数字治理　数字政府治理　数字时代治理"浪潮"

导　言

20 世纪 90 年代，美国率先启动电子政务进程，英国等西方国家及日本等快速加以效仿，同时，我国也开启了电子政务进程。20 世纪末 21 世纪初，西方国家等实现了从电子政务向数字政府的转变，催生数字时代治理的"第一波浪潮"，并于 2010 年前后催生"第二波浪潮"。这两波浪潮由西方国家和中国等共同催生。与此不同的是，"第三波浪潮"于近年率先在中

---

* 曹冬英，博士，云南师范大学历史与行政学院副教授，研究方向为公共治理、比较政治与比较行政；王少泉，博士，云南师范大学历史与行政学院副教授，研究方向为公共治理、比较政治与比较行政。

日两国出现，并呈现向其他国家扩展的态势（王少泉、曹冬英，2023）。本研究选取日本而非其他国家作为研究对象，主要原因在于以下三点。第一，中日两国在数字政府治理过程中催生了"第三波浪潮"；两国在数字政府治理过程中面临相似甚至相同的问题，如不同地区的治理水平不平衡、不同群体的受益程度不平衡（王少泉，曹冬英，2023）。第二，中日两国存在上述相同点，但日本的数字政府治理水平高于中国，[①] 如联合国发布的《2022联合国电子政务调查报告》呈现了联合国会员国（193 个）的电子政务排名情况，该报告显示 2022 年中国电子政务排名在联合国会员国中为第 43名，低于包含日本（第 14 名）及所有西方国家。这两方面的情况意味着：与欧美国家的数字政府治理经验相比，日本的数字政府治理经验更加值得中国借鉴。第三，对身处"第三波浪潮"中的日本数字政府治理展开研究，能够发现当前数字政府治理过程中的一些常见的不平衡等问题，可以发现一些有助于中国提升数字政府治理水平的经验。因此，研究日本数字政府治理的战略演进、问题和经验具有重要意义。

从日本的数字政府治理历程来看，E 战略、U 战略、新 IT 改革战略、i战略、超智能社会（社会 5.0）战略和 NFT[②] 战略先后出现于日本数字政府治理的过程中，稳步提升了日本数字政府治理水平。但这一领域中依然存在不平衡问题，如不同地方之间的治理水平不平衡、不同群体的受益程度不平衡等。从已有研究成果来看，国外学者偏向介绍日本电子政务、数字政府治理情况、存在的问题及发展趋向，如朴正勋于 2004 年撰文分析日本电子政务的发展趋向，认为日本正在建立一种适合 21 世纪知识和信息社区的国家形式，试图通过非常有效和系统的电子政务政策进行国家行政改革（박정훈，2004）；酒井寿纪基于自身体验探究日本电子政务建设的现状与问题，认为日本的电子政务建设尚未有效应对老龄化带来的挑战，建设水平有待进一步提高（酒井寿纪，2007）；须藤修阐述了日本电子政务的发展历程及趋向，认为日本电子政务历经多个阶段的发展，将朝向精细化、全面化的方向发展（須藤修，2010）；森田勝弘分析了日本电子政务政策的发

---

① 《第 15 届国际数字政府评估排名发布，中国位列 37 名》，https://www.thepaper.cn/newsDetail_forward_9701216，最后访问日期：2023 年 1 月 26 日。
② NFT，全称为"Non-Fungible Token"，指非同质化通证。

展与问题，认为日本电子政务政策呈现渐进变化特征，近年对"数字鸿沟"的关注度稳步上升（森田勝弘，2014）；古谷知之介绍了日本在劳动人口减少，步入老龄化社会背景下，以超智能社会（社会5.0）为目标所做的探索与实践（古谷知之，2019）。现有研究成果具有一定学术价值，但须注意到：相关研究成果多为阶段性地介绍日本数字政府治理情况，极少有学者将日本数字政府治理置于数字时代治理浪潮持续演进这一大环境中展开研究，深入分析日本数字政府治理的不平衡问题及经验借鉴等的研究成果也很少。鉴于此，有必要在阐述数字时代治理浪潮观的基础上，分析日本数字政府治理的战略演进情况、存在的问题及成因，并探究日本数字政府治理对中国的启示与经验借鉴。

一 数字时代治理"浪潮"及理论

（一）数字时代治理的三波浪潮

邓利维等（Dunleavy and Margetts，2010）于2006年创立数字时代治理理论，并于2010年提出数字时代治理的"浪潮"观，指出，英美等国家于20世纪末出现数字时代治理的"第一波浪潮"，重点是整合政府服务，将电子政务时代推进至数字治理1.0时代；2010年前后出现数字时代治理的"第二波浪潮"，重点是借助社会网络、云计算和大数据等有效提升数字政府治理效能，将数字治理1.0时代推进至2.0时代（Dunleavy & Margetts，2010）。其后，国内外学者运用邓利维的这些观点对诸多国家的数字政府治理实践展开研究，但并未注意到以下两点。一方面，目前，中日两国在数字政府治理过程中催生了"第三波浪潮"。同年，日本提出综合创新战略，致力于实现《第五期科学技术基本计划》（2016年）的目标。从中日两国的数字政府建设中可以看出，两国都在数字政府治理过程中关注战略稳定性、兼顾技术创新驱动和制度变革驱动、重视解决不平衡问题，而非前两波浪潮那样"忽视战略稳定性、偏向技术创新驱动、忽视不平衡问题"，意味着中日两国催生了明显不同于前两波浪潮的第三波浪潮。另一方面，欧美国家也出现了第三波浪潮的迹象。例如，德国重视数字政府治理战略的稳定性，澳大利亚日益重视数字政府治理领域的不平衡问题。除这两个实例之外，欧美诸多国家已注意到过度偏向技术创新驱动、忽视制度变革驱动的弊端，开始重视数字政府治理领域的制度变革。整体而言，20 世纪末以来，数字时代治理的三波浪潮先后出现，三波浪潮的异同如表 1 所示。

表 1 数字时代治理三波浪潮的比较

浪潮	影响时间	源起国家	战略稳定性	依托的驱动	目标	要素组成
第一波浪潮	20 世纪末至 2009 年	西方国家和中国	低	偏向技术创新驱动	整合政府服务，提升数字治理水平	重新整合、整体主义、数字化
第二波浪潮	2010 ~ 2017 年	西方国家和中国	低	偏向技术创新驱动	借助社会网络、云计算和大数据等有效提升数字治理水平	重新整合、整体主义、数字化
第三波浪潮	2018 年至今	中日两国	高	兼顾技术创新驱动与制度变革驱动	提升数字治理水平的同时控制不平衡程度	重新整合、整体主义、数字化

来源：作者自制。

从表 1 中可以看出，三波浪潮的要素都归属于重新整合、整体主义、数字化三大方面。三波浪潮的差异主要体现在以下两个方面。第一，"第一波浪潮"率先出现于西方国家，"第二波浪潮"同时出现于西方国家和中国，"第三波浪潮"率先出现于中日两国。第二，"第三波浪潮"的战略稳定性高、兼顾技术创新驱动与制度变革驱动，注意在提升数字治理水平的同时控制不平衡程度。前两波浪潮则战略稳定性较低、偏向技术创新驱动而非制度变革驱动，重视提升数字治理水平却忽视了不平衡问题。

"第三波浪潮"率先出现于中日两国而非欧美国家，主要原因在于以下几点。第一，从政党制度来看，中国的政党制度是中国共产党领导的多党合作和政治协商制度，在中国共产党领导下，我国能够制定并实施长期稳定的数字时代治理战略。日本的政党制度是典型的一党独大制，与欧美国家普遍存在的两党制和多党制相比，中日两国的政党制度更加能够保障数字政府治理战略演进过程中的稳定性，为催生"第三波浪潮"创造条件。当然，中国的政党制度明显优于日本，因而中国的数字政府治理战略效能更高，但受"长时间补电子政务时期的课、不同地区的环境差异较大"等因素影响，中国目前的数字政府治理水平尚低于日本。第二，从国家结构形成来看，中国和日本是单一制国家，中央制定的战略、政策等能够在地方政府、基层政府中得到有效实施。这为有效提升数字时代治理水平创造了条件。欧美国家很多是联邦制国家，这些国家即使试图依托制定变革驱动助推数字时代治理进程，也难以在地方和基层政府中有效实施变革举措（王少泉、曹冬英，2023）。第三，从数字政府治理的宏观策略来看，中国和日本等一些国家推进数字时代治理进程时兼顾技术创新驱动与制度变革驱动，在动态中实现双重驱动的大致均衡。欧美国家的高层制定数字时代治理战略时过度依赖技术创新驱动，对制度变革驱动的重视程度较低（王少泉、曹冬英，2023）。第四，从数字政府治理过程中对不平衡问题的态度来看，中国和日本推进数字时代治理进程时高度重视解决不平衡问题，因而能够最大限度地形成数字时代治理的助推力。欧美一些国家推进数字时代治理进程时并未高度重视解决不平衡问题，因此难以最大限度地形成数字时代治理的助推力（王少泉、曹冬英，2023）。第五，从文化背景来看，中日两国属于儒家文化圈，一些治理举措在某种程度上受到中庸思想的影响，表现如数字政府治理过程中注意控制不平衡程度。与中日两国明显不同的是：西方国家的治理明显受到新教伦理影响，在数字政府治理过程中很大程度上忽视了不平衡问题。

（二）数字时代治理三波浪潮的要素及理论

数字时代治理三波浪潮都包含诸多要素，三波浪潮的要素如表2所示。

表2　数字时代治理三波浪潮的要素

浪潮	主题	权力结构重塑层面：前两波是"集中，网络为基础，通信获得发展"（王少泉，2019）；第三波是"借助网络优化能够实现因需制宜的金字塔型治理结构"（王少泉、曹冬英，2023）	实现形式设计层面：前两波是"权力下放，数据库主导，信息处理获得发展"（王少泉，2019）；第三波是"中央掌控核心权力，其他权力适度下放，重视数据库建设和信息处理"（王少泉、曹冬英，2023）

续表

第一波	重新整合	代理的回归（结构化），碎片的整合；协同治理；再政府化；恢复/重新加强中央政府流程；采购的集中与专业化	从根本上挤压过程成本；重新设计后勤部门功能和服务交付链；共享服务和网络简化
	整体主义	互动式信息搜索及信息提供；创建数据库，优先需求分析；灵活的政府程序	以客户、需求为基础的组织重建；一站式供应服务；结果到结果的服务流程重组；可持续性
	数字化	激进的脱媒（脱离中间层）；主动渠道分流、顾客细分；受控渠道减少	电子服务提供；基于网络的效用计算；集中的、国家指导的信息技术采购；新形式的自动化过程；促进自我管理；走向开放式政府
第二波	重新整合	智能中心＋分散交付设计；整合政府基础设施；单一税收和福利系统（使用实时数据）；重新整合外包	分散交付设计；紧缩驱动的中央政府脱离接触和减少负荷；在公共服务交付链中实现激进的非中介化（一次性交付）；交付层面联合治理
	整体主义	社会保障系统的新一波整合；社会保障系统趋向于联网；在福利国家展开单一利益整合；利益审批与支付整合的联合；单一公民账户；中央/联邦一级的综合服务商店	联合供给地方公共服务；共同供给服务；客户管理的社会/卫生保健预算；公共服务和政府声誉的综合在线评估；作为中央管制替代品的公民鉴定书；作为中央审计替代品的开放式政府与公民监督；在数字政府和现实服务中开发"社会网络"程序；紧缩、中央脱离；重新评估"任务承诺"驱动程序；传统"数字鸿沟"的终结，以及新的（差异化的）残余形式的出现
	数字化	政府超级网站（以及精简网站）；"100％在线"渠道策略和相关的现代化；"政府云"；免费存储，全面的数据保留；政府APP	"社交网络"转向在线资产中的丰富技术；开放公共信息以便重复使用、多元组合；普适计算，推动向零接触技术的转变和劳动力的资本替代；政府APP
第三波	重新整合	整合政府基础设施；建设智能中心，削减分散交付占比；重新构建单一的税收和福利系统	中央政府减少接触、降低负荷；重视有针对性的交付；在有效联合的基础上实现一次性交付公共服务
	整体主义	整合社会保障系统并实现数字化；行政审批系统的整合与数字化；构建单一公民账户，提升支付效率	中央与地方联动供给公共服务；治理客体可以在线评估公共服务供给情况；提升政府透明度，强化公民监督；致力于消除传统及新型"数字鸿沟"
	数字化	精简、整合政府网站；免费存储，全面的数据保留	整合并开放公共信息；重视普适计算和零接触技术；整合政府APP

注：第三波浪潮的要素为作者提出。

资料来源：王少泉，2019；王少泉、曹冬英，2023。

从表2中可以看出，第一，从横向上看，数字时代治理三波浪潮的要素分属权力结构重塑层面和实现形式设计层面。前两波浪潮权力结构重塑层面的内容是"集中，网络为基础，通信获得发展"，第三波则是"借助网络优化实现因需制宜的金字塔型治理结构"。前两波浪潮的实现形式设计层面的内容是"权力下放，数据库主导，信息处理获得发展"，第三波则是"中央掌控核心权力，其他权力适度下放，重视数据库建设和信息处理"。第二，从纵向上看，数字时代治理三波浪潮的要素分属重新整合、整体主义和数字化三大领域，具体要素存在一些不同（王少泉、曹冬英，2023）。

在理论与实践的相互作用过程中，数字时代治理"第一波浪潮"和"第二波浪潮"共同催生以邓利维为代表人物的数字时代治理理论。第三波浪潮与前两波浪潮存在诸多差异，因此催生的理论也与前两波浪潮的治理理论明显不同。这一理论的内涵是：在执政党、领导人的正确领导下，有效优化金字塔型治理结构及治理制度，整合多元主客体的力量，形成合力，坚持并根据现实变化稳步优化数字政府治理路线；在实体空间和虚拟空间中兼顾技术创新驱动与制度变革驱动，因需制宜地实施烈度适中的非均衡政策；将数字政府治理过程中的不平衡程度控制在适度范围内，防范或打破数字政府治理过程中的"低水平锁定"状态，有效维护网络安全、提升数字政府治理水平，惠及最广大群体（王少泉、曹冬英，2023）。

二　数字时代治理"浪潮"中日本数字政府治理战略演进

在开展数字政府治理之前，日本政府有效开展了电子政务建设，夯实了数字政府治理的基础，从而助力日本发展：于2000年开始推进数字政府治理；于2009年开始实施《i-Japan战略2015》，催生数字时代治理"第二波浪潮"；于2018年开始基于综合创新战略助推超智能社会（社会5.0）战略目标的实现，催生数字时代治理"第三波浪潮"。这一历程具体呈现为战略演进，其战略演进具有多种特征。

（一）日本数字政府治理的战略演进历程

日本数字政府治理过程中先后出现E战略、U战略、新IT改革战略、i

战略、超智能社会（社会5.0）战略、NFT战略。其战略演进情况如表3所示。

表3 日本数字政府治理的战略演进

内容战略	时间	主要文本	宏观偏向	目标和举措
E 战略	2000～2003 年	《E-Japan 战略》《E-Japan 重点计划》《E-Japan 战略Ⅱ》《电子政府构筑计划》	偏向技术创新驱动	强化日本整体信息和通信技术（Information and Communication Technology，ICT）的基础建设
U 战略	2004～2005 年	2004 年制定的《U-Japan 构想》《U-Japan 政策》，并陆续发布《U-Japan 重点计划》	偏向技术创新驱动	构建泛化政府：政府能够在任何时间（anytime）、任何地点（anywhere）就任何事务（anything）向任何人（anyone）提供公共服务
新 IT 改革战略	2006～2008 年	《新 IT 改革战略》《新 IT 改革战略政策纲要》《E-Japan 重点计划》	偏向技术创新驱动	进一步明晰日本数字政府治理的基本理念、目标和政策等，尤其是明确"强化政府网站建设"的具体目标，提出针对这些具体目标的评估指标，制定具体的发展政策
i 战略	2009～2015 年	《i-Japan 战略 2015》	偏向技术创新驱动	设立副首相级的 CIO 职位，并相继提出一些次级战略，助推电子政府、医疗健康和教育人才领域的电子化进程
超智能社会（社会 5.0）战略	2016～2021 年	《第五期科学技术基本计划》	从偏向技术创新驱动转向兼顾制度变革驱动	重视虚拟空间与实体空间的融合；拓展政府与私营部门之间的合作；降低地区、年龄、性别和语言等的影响，实现数字公共服务的无差别供给
NFT 战略	2022 年至今	《数字日本 2022》《NFT 白皮书——日本 Web 3.0 时代的 NFT 战略》《Web 3.0 白皮书——谁都能利用数字资产的时代》	兼顾技术创新驱动和制度变革驱动	利用数字能力应对人口下降、老龄化社会和去工业化等挑战；加强数字基础设施建设；促进公共和私营部门的数字化转型，通过公共和私人投资在国内任何地方提供大规模、大批量的数字服务；构建能够促进 Web 3.0 的环境，催生能够促进新型服务诞生的社会

资料来源：作者自制。

现将表3中呈现的日本数字政府治理战略阐述如下。

1. E 战略

日本政府于 2000 年设立 IT 战略本部，IT 战略会议制定了 IT 基本战略（汤川鹤章，2002），提出重点推进数字政府治理进程的基本计划。2001 年，日本促进信息通信网络战略本部先后制定《E-Japan 战略》《E-Japan 重点计划》，日本内阁会议制定与数字政府治理密切相关的《行政管理改革三年计划》。这些举措标志着日本政府提出"E-Japan 战略"，总目标是强化日本整体信息和通信技术的基础建设，助推日本进入数字时代治理"第一波浪潮"。2003 年，日本政府先后制定《E-Japan 战略Ⅱ》《电子政府构筑计划》并公布《加快实施 E-Japan 战略Ⅱ》报告。

2. U 战略

2004 年 3 月，日本开始倡导 U-Japan 构想，5 月发布《U-Japan 构想》，12 月制定《U-Japan 政策》，并陆续发布《U-Japan 重点计划》，标志着日本数字政府治理的 E 战略开始演进为 U 战略。这一战略演进的重要目标是构建泛化政府：政府能够在任何时间（anytime）、任何地点（anywhere）就任何事务（anything）向任何人（anyone）提供公共服务（大谷美咲，2004）。泛化政府的核心理念是：无处不在（ubiquitous）、普遍化（universal）的服务，客户导向（user-oriented），个性化（unique）的服务。实现这一目标有赖于日本各级政府和政府各部门借助已经构建的电子网络向公众提供数字公共服务，标志着日本数字政府治理进入新的阶段。

3. 新 IT 改革战略

日本政府于 2006 年 1 月发布《新 IT 改革战略》，进一步明晰日本数字政府治理的基本理念、目标和政策等。"强化政府网站建设"是这一战略的重要内容，日本政府在"新 IT 改革战略"中：明确了"加强政府网站建设"的具体目标、提出了针对这些具体目标的评估指标、制定了具体的发展政策（浅野一弘，2009）。这些举措为日本政府在数字政府治理过程中有效减少不平衡现象创造了有利条件。同年发布《E-Japan 重点计划》，在此基础上于 2007 年发布《新 IT 改革战略政策纲要》《2007 年 E-Japan 重点计划》。

4. i 战略

日本政府于 2009 年 7 月发布《i-Japan 战略 2015》。"i"包含"Inclusion"（包容）和"Innovation"（创新）两层意思（山口利惠，2011）。日本政府试图借助这一战略推进电子政府、医疗健康和教育人才这三大领域的电子化进程（本田正美，2014），助推日本进入数字时代治理"第二波浪潮"。实施这一战略的过程中，日本政府高度重视培养信息技术人才，设立副首相级的 CIO 职位，并相继提出一些次级战略，如 2010 年 5 月提出智能云战略，2013 年提出以活用 IT 技术为重点的发展战略，2015 年 5 月提出新的网络安全战略。这些次级战略的实施有效助推了 i 战略的顺利实施，从而明显提升了日本数字政府治理水平。

5. 超智能社会（社会 5.0）战略

日本政府于 2016 年制定《第五期科学技术基本计划》。这一计划中首次提出超智能社会（社会 5.0）战略及实现战略目标的途径，如重视虚拟空间与实体空间的融合，拓展政府与私营部门之间的合作，降低地区、年龄、性别和语言等的影响（古谷知之，2019），实现数字公共服务的无差别供给。实质上，这是致力于在数字政府治理过程中实现虚拟空间与实体空间的相对均衡、政府与私营部门的相对均衡以及不同群体之间的相对均衡。这表明日本的数字政府战略已经呈现进入数字时代治理"第三波浪潮"的迹象。2016 年和 2017 年，日本政府连续 2 年出台科学技术重新综合战略，2018 年则提出综合创新战略，以有效助推超智能社会（社会 5.0）战略目标的实现。

6. NFT 战略

岸田文雄政府在经济产业省新设一个办公室专门负责 Web 3.0 政策。2022 年 3 月，日本发布的《数字日本 2022》白皮书中，NFT 被定位为 Web 3.0 的经济引爆剂之一。同年 4 月，NFT 政策审查项目组发布《NFT 白皮书——日本 Web 3.0 时代的 NFT 战略》。2023 年 4 月 6 日，日本自民党数字社会推进本部的 Web 3.0 项目团队发布《Web 3.0 白皮书——谁都能利用数字资产的时代》。这是"酷日本"（Cool Japan）科技战略的组成部分之一。该白皮书为 NFT、去中心化自治组织（DAO）等 Web 3.0 相关事务制定了监管方案。日本要：利用数字能力应对人口下降、老龄化社会和去工业化等挑战；加强数字基础设施建设，尤其是 5G 移动通信和光纤网络的建设；促进公共和私营部门的数字化转型，通过公共和私人投资在国内任何地方提供大规模、大批量的数字服务；构建能够促进 Web 3.0 的环境，如区块链、NFT 和元宇宙，并催生能够促进新型服务诞生的社会。

（二）日本数字政府治理战略演进特征

日本数字政府治理战略演进的最明显特征是渐进变革，这种渐进变革助推不平衡程度下降、数字治理水平上升以及治理主体渐进变化。

1. 战略演进具有明显渐进变革特征

数字时代治理三次浪潮的演进，呈现明显的渐进色彩。作为三次浪潮的实例，日本数字政府治理战略演进也具有明显渐进变革色彩。具体而言，日本政府推进数字政府治理的过程中，依次出现的战略是：E 战略、U 战略、新 IT 改革战略、i 战略、超智能社会（社会5.0）战略和 NFT 战略，这些战略具有明显的迭代色彩。日本政府于 2000 年提出的"E-Japan 战略"的总目标是：将电子政务建设全面演进为数字政府治理；开始减少电子政务建设时广泛存在的不平衡现象。在实现前一目标及部分地实现后一目标之后，日本于 2004 年 3 月开始倡导 U-Japan 构想，意图基于这一战略进一步提升数字政府治理水平，尤其是使政府能够在任何时间和地点就任何事务向任何人提供数字公共服务，实现不同时空之间、不同群体之间的相对均衡。为了实现这一目标，日本政府于 2006 年 1 月发布《新 IT 改革战略》，在进一步细化目标的同时构建了具体的评估指标。其后，日本的数字政府治理继续表现出渐进变革色彩。日本政府于 2009 年 7 月发布了《i-Japan 战略 2015》，这一战略的最重要目标是使数字技术全面融入经济社会发展的各方面，重点关注数字政府、数字医疗、数字教育这三大领域的建设。从日本数字政府治理战略的演进中可以看出：这些战略的演进具有明显的渐进变革特征，每一个战略都基于上一个战略而提出，基于数字政府治理环境的变化而持续革新，致力于实现战略与治理环境这两者之间的相对均衡；重要战略目标是降低数字政府治理过程中的不平衡程度，尤其是不同地区之间、不同主体之间及不同群体之间的不平衡程度。这些情况与数字时代治理"第三波浪潮"倡导的"将数字政府治理过程中的不平衡程度控制在适度范围内"相符。

2. 基于渐进变革的战略助推不平衡程度下降、数字治理水平上升

日本政府通过陆续实施各项战略实现了数字政府治理在地域、领域和

群体等方面的覆盖面不断扩大，存在于这些方面的不平衡现象随之减少。这些情况与数字时代治理"第三波浪潮"理论的平衡观相符。具体而言，E战略实施之初，日本数字政府治理的主要影响集中在大型城市，涉及的领域相对较少且主要惠及在全国总人口中占比尚不高的网民这一群体，不平衡特征较为明显；随着E战略演进为U战略，继而从U战略演进为新IT改革战略、i战略、超智能社会（社会5.0）战略和NFT战略，日本的数字政府治理影响力逐渐从大型城市扩展至中型城市和小型城市，越来越明显地涉及诸多领域、惠及更多群体，有效降低了不同城市之间、不同领域之间、不同群体之间的不平衡程度，助推了日本数字政府治理整体水平的提升。目前，日本的数字政府治理影响力已经全面覆盖日本，涉及大量领域，惠及大量群体，成为这一方面领先的国家之一。

3. 基于渐进变革的战略助推治理主体渐进变化

这一情况与数字时代治理"第三波浪潮"理论倡导的"有效优化金字塔型治理结构……整合多元主客体的合力"相符（王少泉、曹冬英，2023）。一方面，数字政府战略的演进对数字政府治理主体情况变化具有明显影响。日本政府实施E战略之初，执政党领导下的政府是数字政府治理的重要主体，公益部门、私营部门及公民等主体尚未有效参与其中，它们在数字政府治理过程中的地位和作用等明显弱于政府，因而呈现明显的不平衡状态。当数字政府治理战略逐渐演进之时，日本的数字政府治理主体逐渐增多，表现为公益部门、私营部门和公民越来越深入地参与到日本数字政府治理的过程之中，而且不同主体之间的不平衡程度逐渐下降，从而有效优化了日本数字政府治理结构。与此同时，日本数字政府治理主体的总数量也逐渐增多，表现为：数字政府治理启动之时，只有少量政府部门或少量其他主体参与其中，并基于不同战略有效推进数字政府治理进程。越来越多的政府部门、公益部门、私营部门和公民等参与其中，有效提升了同一类主体之间的均衡程度。另一方面，数字政府治理主体的变化也会对数字政府战略的演进产生影响。数字政府治理进程启动之初，数字政府治理参与主体的类别及总数量相对较少，这一阶段实施的E战略重点关注的是夯实数字政府治理基础，相对忽视对不同地方、不同领域及不同群体之间的不平衡状况的治理。数字政府治理参与主体的类别及总数量开始增多之后，不平衡现象的凸显、新诉求的出现助推了数字政府治理战略的演进：U 战略和新 IT 改革战略着眼于降低不同时空、不同群体之间的不平衡程度，i 战略致力于降低不同领域之间的不平衡程度，超智能社会（社会 5.0）战略和 NFT 战略则同时注意降低这些方面的不平衡程度。值得注意的是，战略演进依然主要依靠不同治理主体的不平衡结构（的运行）加以推进，即数字政府治理战略的制定主体是政府（地位和作用等与其他主体之间存在不平衡），政府对数字政府治理环境展开观察，针对治理环境中的新变化、新诉求制定并实施新的数字政府治理战略。

三 数字时代治理"浪潮"中日本数字政府治理的问题及成因

经过 20 余年的发展，日本的数字政府治理影响力已经全面覆盖本土，其数字政府治理的整体水平得到了提升、在世界各国中排名较靠前。2020 年，日本的数字政府治理水平在 64 个国家和地区中排名第 7（王少泉、曹冬英，2023），属于"第一梯队"，实现了数字时代治理"第三波浪潮"理论所述"提升数字政府治理水平"这一目标。尽管已经取得明显成绩，但日本数字政府治理过程中依然存在不平衡问题，这一问题是由多方面原因造成的。

（一）日本数字政府治理面临的不平衡问题

日本数字政府治理过程中依然存在不平衡问题，表明尚未完全实现数字时代治理"第三波浪潮"理论所述"将数字政府治理过程中的不平衡程度控制在适度范围内"这一目标（王少泉、曹冬英，2023）。实际上，这一问题普遍存在于诸多国家的数字政府治理过程中。数字政府治理的不平衡问题具体表现为数字政府治理过程中：不同领域治理水平不平衡，不同地方的治理水平不平衡，不同群体的受益程度不平衡。

1. 不同领域治理水平不平衡

这与数字时代治理"第三波浪潮"理论所述"有效优化金字塔型治理结构及治理制度，整合多元主客体的合力"直接相关。《第 15 届国际数字政府评估排名报告》中，排名指标包括网络基础设施、在线服务、政府促进、电子参与等 10 个一级指标体系，每个一级指标包含 1~5 个二级指标。一级指标中，日本的"政府首席信息官""政府促进"这两项指标在世界 64 个国家和地区的排名为第 3 名和第 4 名，但"电子参与"的排名则较低，呈现不同领域治理水平不平衡状况。这一情况实际上是治理主体之间及主客体之间不平衡的直观呈现。"政府首席信息官""政府促进"这两项指标排名很高，表明政府在数字政府治理过程中占据主导地位；"电子参与"包含电子信息机制、在线协商和数字决策这三项二级指标，该项指标评估得分较低表明数字政府治理过程中主客体之间的协商有待加强、数字决策过程中治理客体影响力相对较小而需增大。整体而言，一方面，诸多主体已经有效参与日本数字政府治理进程，但这一过程中不同主体的地位及功能等依然明显不平衡，在开展数字政府治理过程中，一些日本地方政府依然扮演着绝对主导角色。另一方面，日本开展数字政府治理过程中，主客体之间的地位高低及影响力大小等不平衡现象十分明显。在一些地方政府，"政府本位"色彩依然较为明显，尚未真正实现主客体之间的良好互动。

2. 不同地方的治理水平不平衡

国土面积较小，这一情况限制了日本某些领域的发展，但为日本数字政府治理带来一种便利：日本国内不同地方的文化差异、人口素质差异等相对较小，在一定程度上避免了日本不同地方数字政府治理水平的不平衡程度出现极端状态。需要注意的是：避免了极端状态并不意味着日本不同地方不存在数字政府治理水平不平衡现象。日本数字政府治理过程中，不同地方治理水平不平衡现象存在于城乡之间，也存在于不同地方的城市之间及农村之间，如京都地区的城乡之间数字政府治理水平差异明显；京都地区城市的数字政府治理水平明显高于北海道诸多城市；京都地区农村的数字政府治理水平稍高于北海道诸多农村。

3. 不同群体的受益程度不平衡

这与数字时代治理"第三波浪潮"理论所述"惠及最广大群体"直接相关（王少泉、曹冬英，2023）。日本的数字政府治理已经惠及大量群体，但是不同群体之间受益程度不平衡现象依然明显，这是《第 15 届国际数字政府评估排名报告》中日本"在线服务"指标排名偏低的主要原因。一方面，不同地方的群体之间受益程度不平衡，如：与城市居民相比，农村居民在数字政府治理过程中的受益程度相对较低；与东京市的居民相比，其他很多城市的居民受益程度相对较低。另一方面，同一个地方的不同群体的受益程度也存在差异。日本存在三种"数字鸿沟"：网民与非网民之间的"数字鸿沟"；网民内部存在的"新型数字鸿沟"；非网民内部存在的"隐形数字鸿沟"。大部分群体对第一种"数字鸿沟"存在准确认知，但对后两种"数字鸿沟"的认知较为模糊。网民内部的"新型数字鸿沟"是指：不同网民借助网络获得公共服务或所需信息等的条件、能力及习惯等存在差异，因而受益于数字治理的程度明显不同，形成一种新型的"数字鸿沟"。非网民内部的"隐形数字鸿沟"是指：不同非网民（如有家庭的老年人与流浪老年人）的条件、能力和习惯等存在差异，因而受数字治理"溢出效应"（Spillover Effect）影响的程度不同，演变为网民的可能性大小也存在差异，从而形成一种隐形的"数字鸿沟"。这三种"数字鸿沟"导致日本推进数字政府治理过程中不同群体的受益程度明显不平衡。

（二）日本数字政府治理面临问题的成因

"将数字政府治理过程中的不平衡程度控制在适度范围内"是数字时代治理"第三波浪潮"及其理论的重要目标之一（王少泉、曹冬英，2023）。日本数字政府治理过程中存在不平衡问题，表明尚未完全实现这一目标。日本数字政府治理不平衡问题的主要原因在于：多元主客体的参与意愿、参与能力存在差异；不同地方的治理基础不平衡；不同群体的条件及能力等存在差异。

1. 多元主客体的参与意愿、参与能力存在差异

在工业时代前期，世界诸多国家逐渐形成了一种较为稳定的治理结构，从治理主体之间的情况来看，执政党领导下的政府占据主导地位，其他治理主体较少参与；从主客体之间的情况来看，治理主体处于主导地位，主客体之间的互动相对较少，治理客体对治理主体的影响相对较小。这种治理结构随着工业时代的演进而逐渐改变，在工业时代末期，从治理主体方面来看，公益部门、私营部门和公民等主体已经能够较为有效地影响治理过程，治理结构中的政府边界因而明显收缩；从治理客体方面来看，私营部门尤其是公民能够对治理主体的诸多举措产生影响，主客体之间的互动

明显增多。数字时代治理"第三波浪潮"促使公益部门、私营部门及公民等治理主客体更多地参与数字政府治理过程、主客体之间更多地互动，但是不同主客体在不同领域的参与意愿存在差异，一般情况下，多元主客体积极参与的领域，治理水平相对较高；多元主客体不愿积极参与的领域，治理水平相对较低。除此之外，数字政府治理过程中，不同领域的专业化程度存在差异，多元主客体较难参与专业化程度较高的领域，较易参与专业化程度较低的领域。这些情况很大程度上导致不同领域治理水平不平衡。

2. **不同地方的治理基础不平衡**

数字政府治理基础不平衡主要是指不同地方的政府治理条件存在差异、经济发展水平不平衡。一方面，日本不同地方政府的治理条件存在差异。从政府内部结构来看，日本不同地方政府的差异极小，但不同地方政府的治理条件存在一些差异。相对而言，偏远地区的数字政府治理条件相对较差，尤其是偏远地区的地方政府通常财力相对较弱，人才队伍建设情况相对较差，从而导致这些地方的数字政府治理水平无法与大都市区域的数字政府治理水平相比。这种不平衡现象导致不同地方政府开展数字政府治理过程中的基础坚实程度存在差异，在一定程度上导致数字政府治理过程中的不平衡问题。另一方面，日本不同地方的经济发展水平差异相对较小，但这种相对较小的不平衡程度依然对日本数字政府治理产生不可忽视的影响：不同地方的经济发展水平不平衡，意味着不同地方政府开展数字政府治理过程中能够获得的财力支持存在差异，一些治理主体尤其是私营部门和公民的经济条件（对参与数字政府治理的能力存在明显影响）存在差异，从而导致不同地方政府开展数字政府治理过程中的基础明显不平衡，进而在一定程度上导致数字政府治理过程中的不平衡现象。

3. **不同群体的条件及能力等存在差异**

如与中青年相比，老年人的受教育水平相对较低，运用智能设备的能力也相对较弱，因此这一群体难以在日本数字政府治理过程中明显获益，由此出现了数字政府治理过程中不同群体受益程度不平衡问题。这些不平衡不仅存在于不同年龄段的群体之中，也存在于受教育程度不同、经济条件不同、所处地域不同、所从事职业不同等的群体之中，例如，某些群体的受教育程度高，拥有快速掌握某些数字技术的能力；某些群体的经济条件相对较好，能够拥有较好的上网条件；某些群体身处网络建设条件较好的地区，能够便捷地接触网络；某些群体从事的职业高度依赖于互联网，因而相对熟悉网络的运行及革新等。受教育程度高、经济条件好、所在区域经济发展好等的群体能够在数字政府治理过程中明显受益，由此形成与其他群体之间的不平衡问题。

四 数字时代治理"浪潮"中日本数字政府治理的经验及借鉴的建议

中日两国于同期催生数字时代治理"第三波浪潮"，但数字政府治理水平排名明显不同（王少泉、曹冬英，2023），很大程度上是因为：中国开展数字政府治理过程中面临的不平衡问题更多、解决难度更大，即实现数字时代治理"第三波浪潮"理论所述目标的难度更大。为了进一步助推中国的数字政府治理进程，有必要分析日本数字政府治理的经验。

（一）日本数字政府治理的经验

1. 数字政府治理过程中必须着力解决不平衡问题

不平衡问题广泛存在于现实世界中，这一情况"映射"到虚拟空间中，致使虚拟空间中也广泛存在不平衡问题。因此，所有国家开展数字政府治理过程中必然存在不平衡问题。数字政府治理领域的理论研究者及实践者必须准确认识到这种必然性，在对不平衡问题展开深入研究的基础上借助多元举措解决不平衡问题。这一点与数字时代治理"第三波浪潮"理论所述"将数字政府治理过程中的不平衡程度控制在适度范围内"相符。

2. 渐进变革是数字政府治理的重要策略

提升数字政府治理水平是一个长期的过程，不可能一蹴而就，这是日本基于明显具有渐进色彩的数个战略稳步推进数字政府治理进程的重要原因，而且与数字时代治理三次"浪潮"的先后出现相契合。可见，一国推进数字政府治理的过程中，渐进变革是重要策略。采用这一策略有助于稳步解决数字政府治理过程中出现的诸多问题尤其是不平衡问题。当然，在数字政府治理环境出现急剧变化的情况下，必须摒弃渐进变革策略，转而快速实施契合实际的策略，从而有效解决环境急剧变革引发的诸多问题。

3. 稳步提升数字政府整体治理水平

数字政府治理初期，日本政府实施具有明显倾向性的非均衡政策，并优先在某些地方或领域实施。因此，某些地方、某些领域的建设水平通常明显高于其他地方及领域，由此助推少数地方及领域的数字政府治理水平快速提升，但这种提升并非整体建设水平的上升。在取得一些成绩之后，日本政府开始重视数字政府治理过程中的公平问题，由此开始更多地基于逆向非均衡政策（与初期的非均衡政策相反）助推后发地方、后发领域的发展，基于此实现数字政府治理水平的提升。

4. 实施具有前瞻性的数字政府治理战略

日本实施的数字政府治理战略均具有明显前瞻性。实施这些战略可助力数字政府治理覆盖面不断扩大、"治理深度"不断加深、治理结构持续优化，最终实现数字政府治理水平的提升。目前，难以准确预测日本数字政府治理的下一个战略的具体名称，但可以基于日本数字政府治理现状及数字政府治理战略演进特征预判日本数字政府治理战略的宏观演进趋势，而且能够确定的是未来的战略依然具有明显的前瞻性。当前，世界主要国家均开始关注"AI"（Artificial Intelligence）领域的发展，日本政府于2018年开始大力推进 AI 的研究。由此可以推断，"AI"是日本政府当前乃至下一个数字政府治理战略的重要内容。

（二）有关我国借鉴相关经验的建议

目前，中国的数字政府整体治理水平依然低于日本，因此有必要借鉴日本的数字政府治理经验，现提出如下建议。

1. 实现经验借鉴与自主建设之间的相对平衡

借鉴日本数字政府治理经验的过程中，中国各级政府必须在各级党委的领导下实现经验借鉴与自主建设之间的相对平衡。首先，必须充分了解各地当前的数字政府治理情况，尤其是数字政府治理过程中各种不平衡问题的严重程度，并基于此准确判定借鉴日本数字政府治理相关经验的可能性及这些经验的适用性程度高低，将这些经验与中国数字政府治理实践有效结合，实现数字政府治理水平的稳步提升。其次，必须重视经验借鉴、自主建设过程中的成本问题，保障收益大于成本。如果经验借鉴的成本较低，就应该关注借鉴经验；如果自主建设的成本较低，则应该更多地着力于自主建设。

2. 经验借鉴过程中遵循因需制宜原则

首先，在遵循因需制宜原则基础上借鉴日本的经验。在此之前，必须透彻了解日本数字政府治理战略演进的真实含义，了解每一种数字政府治理战略的核心理念。例如，日本实施的数字政府治理U战略，并非在所有政府部门都实施相同政策，而是选择那些构建数字政府治理平台之后能够产生较大经济或社会效益的政府部门。在这些政府部门中投入较多人力、物力、财力，推进从E战略向U战略转向的进程，对那些短期内无须加强数字政府治理平台建设的政府部门则区别对待，实质上是实施一种不平衡举措。准确把握相关经验能够保证中国在借鉴日本数字政府治理经验的过程中尽量避免失误，减少数字政府治理过程中的阻力，为采取因地制宜策略奠定坚实基础。其次，借鉴经验过程中切实遵循因需制宜原则。日本数字政府治理不同经验在中国的可行性程度高低不同，同一经验在中国不同地方及不同领域等的可行性程度高低也不同，因此必须准确分析中国各地的数字政府治理情况，判定各地适合借鉴日本数字政府治理过程中E战略、U战略、新IT改革战略、i战略、超智能社会（社会5.0）战略或NFT战略中的哪一种经验，而后各地根据自身情况借鉴相关经验，基于这种不平衡举措实现中国各地数字政府治理水平的提升。

3. 切实优化治理结构、强化多元主体参与

这与数字时代治理"第三波浪潮"理论倡导的"有效优化金字塔型治理结构及治理制度，整合多元主客体的合力"相符。日本数字政府治理经验表明：提升数字政府治理水平有赖于治理结构的优化、多元主体的有效参与。鉴于此，中国借鉴日本数字政府治理经验的过程中必须充分注意切实优化治理结构、强化多元主体参与。可采取如下具体举措：继续基于较为稳定的总路线优化治理结构；采取宣传、培训等方法使多元主体了解数字政府治理战略且与政府展开良性互动；政府必须充分认识到多元主体有效参与数字政府治理过程的重要性，在此基础上愿意逐渐收缩边界；发挥社会精英及意见领袖的作用，先由数字政府治理专家向他们讲解多元主体

参与数字政府治理的内涵及重要性等，再由他们向公民进行宣传、讲解；稳步提升公益部门、私营部门及公众等主体参与数字政府治理过程的能力。

五　结语

当前，世界许多国家着力于推进数字政府治理进程，我国在数字政府治理过程中面临的问题有些与日本相似，这意味着我国推进数字政府治理进程时可以考虑借鉴日本经验。日本数字政府治理战略演进经验在中国有一定程度的可行性，但须注意：不同经验在中国的可行性程度不同；同一经验在中国不同地方或不同部门的可行性程度也不同；某些策略已经在中国一些地方有一定程度的践行。因此，中国数字政府治理过程中需要在坚持因地制宜、合理借鉴原则的基础上，适度借鉴日本经验，助推中国数字政府治理水平提升。

参考文献

박정훈 . 2004「日本의電子政府推進動向에관한檢討」『공법학연구』5：605－651.

本田正美 . 2014「政府における電子化とプラットフォームとしての政府の実現可能性. 情報処理学会研究報告」『情報システムと社会環境研究報告』7：1－4.

大谷美咲 . 2004『日本における「電子政府（e-Government）」の現状と課題』『九州共立大学経済学部紀要』96：1－14.

古谷知之，2019，《日本超智能社会的公共管理范式》，《上海质量》第 11 期，第 28～29 页。

酒井寿紀 . 2007「これでいいのか？ 日本の電子政府」『技術総合誌』94（6）：85.

浅野一弘 . 2009「日本におけるIT化の現状と課題："真の"電子政府の構築に向けて」『経済と経営』40：1－18.

森田勝弘 . 2014「日本の電子政府政策の歩みと問題提起（電子政府・電子自治体）」『日本情報経営学会誌』34：90－103.

山口利恵 . 2011「2－1 日本政府における暗号移行政策（2. 暗号政策/方針，暗号世代交代と社会的インパクト）」『電子情報通信学会誌』94（11）：938－943.

湯川鶴章 . 2002「技術革命最前線（91）電子政府化進める各国と遅れ目立つ日本」

『世界週報』83.

王少泉、曹冬英，2023，《数字时代治理第三波浪潮：缘起、理论与前景》，《新余学院学报》第 2 期，第 33 ~ 40 页。

王少泉，2019，《数字时代治理理论：背景、内容与简评》，《国外社会科学》第 2 期，第 96 ~ 104 页。

須藤修．2010「日本に電子政府をどう定着させるか（特集 電子政府・自治体のゆくえ）」『都市問題』101：48 – 56.

Dunleavy，p.，and Helen Margetts. "2010. The Second Wave of Digital Era Governance." *APSA* 2010 *Annual Meeting Paper*. Washington， America.

Digital Governance Review

Vol. 4

December 2023

Abstracts and Keywords

Basic Concepts, Core Issues, and Future Trends of Digital Government
——Perspective Based on the Paradigm of Interface Theory

Sun Zongfeng　Wang Ruina / 1

Abstract: Compared with the practice in full swing, the discussion on the construction of digital government in the theoretical circle needs to be sufficiently developed. Centering on the basic concept of digital government and framing it within the interface theory paradigm, this paper conceptualizes digital government as the process by which the government realizes the reconstruction of government interface, service interface, and interaction interface between government and citizens through digitalization. Within each paradigm of the interface, we sequentially expound upon key theoretical propositions in the process of constructing digital government. The paper also presents prospects for future research and development in digital government.

Keywords: Digital Government; Digitization; Collaborative Governance; Data Sharing; Digital Divide

Internet Usage and Social Mobility Expectation: Influencing Mechanisms and Empirical Testing

Kong Wenhao / 21

Abstract: The positive social mobility expectation is a key variable for social stability and progress. The digital transformation of society centered on internet technology has brought significant changes to reshape social mobility mechanisms. We starts from the subjective level of social mobility expectations and combines CGSS2017 data to quantitatively analyze the impact of internet use on social mobility expectations. The results show that in China, public social mobility expectations are mainly "upward flow" and "parallel flow", but short-term social mobility has become mainstream. Regression analysis shows that internet use has become an important force in enhancing public expectations of social mobility. This positive effect is mainly achieved through the two "technological empowerment" mechanisms of increasing human capital and social capital. However, the perception of fairness obscures the aforementioned mechanisms. The influence of traditional social classes is achieved through a "two-stage" mechanism in the impact of internet use and social mobility expectations. Firstly, at the level of whether or not to use the internet, the popularity of the internet does indeed contribute more to the "reproduction" of social inequality. Nevertheless, once entering the stage of using the Internet, the positive effect of the Internet on the social mobility expectations of traditional disadvantaged groups will be more significant. The above findings have several implications for achieving a more people-oriented digital transformation.

Keywords: Internet Usage; Social Mobility Expectation; Social Stratification

Government WeChat, Five – Year Plan and Goal Displacement of Government Performance: Evidence from Provincial Dynamic Panel Data in China

Liu Huan / 50

Abstract: The objective of this paper is to empirically examine the effect of Government WeChat on goal displacement of government performance, and explore the interactions of Government WeChat and Five-Year Plan. An empirical study, basing on dynamic panel data from thirty-one provincial governments and provincial governors, using System Generalized Methods of Moments, was conducted. Meanwhile, we take adoption or not, adoption cycle, and have online government service or not as proxy variable of Government WeChat; we also take Five-Year Plan as the moderator variable. The results show that adoption of Government WeChat has negative effect on goal displacement of government performance, but not significant statistically, and the governmental service provided by Government We-Chat has no significant effect on goal displacement of government performance, and the a-doption cycle of Government WeChat has significant positive effect on goal displacement of government performance. The results also suggest that interaction of Government WeChat and Five-Year Plan has negative moderating effect on goal displacement of government per-formance.

Keywords: Government New Media; Government WeChat; Five-Year Plan; Goal Dis-placement

Research on the Safeguard Mechanism of Japan's Open Government Data Utilization from the Perspective of Ecosystem

Fang Haixu　Fu Xiwen ╱ 77

Abstract: Japan is representative in promoting the use of open government data. A thor-ough study of Japan's relevant experience will help to provide reference for China to deepen the use of open government data. Based on the analysis framework of the safeguard mecha-nism of open government data utilization from the perspective of ecosystem, this paper sys-tematically analyzes the content and characteristics of the safeguard mechanism of open gov-ernment data use in Japan. According to the analysis, the comprehensive measures taken by the Japanese government to promote the utilization of open data start from the synergistic re-lationship between the supplier side, the demand side and the environmental factors, and combine with the actual national conditions to develop three practical features: central and local interaction to guarantee the supply, taking into account the needs of multiple users, and cultivating the ecological environment of open government data for value-added utiliza-tion. This paper further discusses the applicability of Japan's experience under Chinese so-cial context, and provides suggestions on building an ecological system for open government data utilization.

Keywords: Japan; Open Government Data Use; Ecosystem Theory

Privacy Risk Management in Public Data Governanc: Based on Three Dimensions of
Cognition, Technology and Governance

Yang Xuemin   Kong Chuli   Lian Yulu / 105

Abstract: Digital technologies such as Big data, Cloud Services, and Artificial Intelli-
gence are widely used in the field of public governance, and continue to promote the digital
transformation of the government. At the same time, privacy risks in the governance of public
data are increasing in the new technology environment, thus how to effectively address multi-
ple privacy risks urgently needs attention and discussion. Therefore, drawing on existing liter-
ature and practice, this study constructs a comprehensive framework for managing privacy
risks in public data, which is built on three critical dimensions: cognition, technology and
governance. This study delves into the implications and interactions among these dimensions,
seeking to provide actionable insights for achieving a balanced approach to maximizing public
data's value while safeguarding individual privacy.

Keywords: Information Privacy, Public Data Governance, Privacy Risk Management
Framework, Big Data

Social Risks of the Emergence of Platform Enterprises and Their Governance: A Per-
spective from Division of Governance

Zhang Qiang / 121

Abstract: The clarity of risk cognition is the premise of risk governance. In recent
years, the rise of platform enterprises has brought new changes to social interaction, resul-
ting in two types of social risk, namely, specific interactive risk and structural risk. In the
virtual interactive space dominated by platform enterprises, the platform is the governor of
specific interactive risks. On the other hand, under the logic of capital, platform enterpri-
ses will ignore or even allow the development of structural risk, which requires the state to
take the responsibility of risk governance. In reality, the division of labor between platform
enterprises and the state in risk governance will be affected by various factors. Different per-
ceptions of risk will lead to the tension between national public regulation and platform pri-
vate regulation, which will determine the future direction of platform social risk governance
to some extent.

Keywords: Platform Enterprises; Risk Governance; Division of Governance; Political Equality

Promote the Legal Reform of Synergistic Relationship of Platform Governance: Why Does the Synergistic Relationship Between Government, Enterprises and the Public Need a Legal Basis?

Zhao Zerui / 139

Abstract: Platform governance, as a cooperative network in which multiple subjects make behavioral decisions together based on Internet platform technology, has changed the administrative relationship in industrial society and promoted the cooperative relationship between government, enterprises and the public in digital society. However, the legal system of dual opposition between public and private formed in the period of industrial revolution cannot provide legitimate basis for enterprises to participate in platform governance, nor can it provide legal guarantee for the channels for the public to participate in platform governance, thus leading to the collaborative dilemma of platform governance. In this regard, China and the United States have created a series of institutional innovations such as legal liability exemption, administrative regulation responsibility and information disclosure responsibility to break the collaborative dilemma of platform governance in the digital society. These legal reforms transform the commercial governance decisions of enterprises pursuing the maximization of corporate interests into public governance decisions meeting the needs of relevant stakeholders, and integrate the multiple power structures in platform governance, thus providing legal support for the transformation of platform governance.

Keywords: Platform Governance; Synergistic Relationship; Immunity From Liability; Institutional Innovations

Japanese Digital Government Governance in the "Wave" of Governance in the Digital Age: Strategic Evolution, Problems and Experience

Cao Dongying   Wang Shaoquan / 162

Abstract: In the context of the continuous evolution of the governance wave in the digital age, the governance process of Japan's digital government has seen the emergence of E strategy, U strategy, new IT reform strategy, i strategy, super intelligent society (Social 5.0) strategy, and NFT strategy, which have various characteristics. Analyzing the governance situation of Japan's digital government can reveal the existence of imbalanced issues: imbalanced governance levels in different fields; The level of governance in different places is imbalanced; The degree of benefit for different groups is uneven. These problems are mainly attributed to the differences in the willingness and ability of multiple subjects and objects to participate; The construction foundation in different places is imbalanced; There are differences in the conditions and abilities of different groups. Based on these analyses, some governance experiences that China can learn from can be identified.

Keywords: Digital Governance; Digital Government Governance; Governance "Wave" in the Digital Age

征稿启事

《数字治理评论》（*Digital Governance Review*）由教育部人文社会科学重点研究基地中山大学中国公共管理研究中心和中山大学政治与公共事务管理学院创办，是一本致力于推动数字治理领域研究的学术性集刊，由社会科学文献出版社出版，每年出版两卷。

刊物将秉持精益求精的态度，对稿件实行专家匿名评审，以期将其办成具有学术品位和质量的中文刊物。刊物将追踪数字治理理论前沿，回应数字治理实践中面临的问题，倡导规范严谨的学术研究，提升数字治理的研究质量。

本刊每卷刊登 10 篇左右的论文，主题涉及电子政务、电子服务、网络参与/电子参与、大数据与公共治理、开放数据、社交媒体与公共治理、移动政务、智慧城市等。此外，还有书评栏目，以推介和探讨数字治理领域的最新研究成果。

投稿指引：

（1）稿件字数在 12000 字左右为宜。但论述重要问题的稿件可不受此限制。

（2）请勿一稿多投。如遇到版权问题，均遵照《中华人民共和国著作权法》及有关国际法规执行。

（3）投稿格式参照本刊稿件体例和已出刊物，并附上作者简介，包括作者真实姓名、职称、职务、工作单位、详细地址、联系电话和电子邮件。

（4）稿件投出三个月后，如未收到回复，可自行处理稿件。

投稿邮箱：digital_ governance@ 126. com

联系人：郑跃平（zheng_ yueping@ 126. com）

《数字治理评论》编辑部

稿件体例

《数字治理评论》（*Digital Governance Review*）采用严格匿名评审制度，致力于为国内外所有有志于中国电子政务、数字治理等研究的人士构建平等的交流平台，营造一个温暖的精神家园。现不拘作者专业、身份与地域，以聚焦数字治理领域为征稿标准，以学术品质为用稿标准，向国内外学术界、实务界热忱征集言之有物、论之有据、符合学术规范、遵守学术道德的论文、书评等。

稿件具体要求如下。

一　稿件形式

以研究性论文为主，字数以 12000 字左右为宜。同时，欢迎理论综述、书评等。

二　格式要求

1. 全文采用 Microsoft Office 软件编排；如打印，请用 A4 纸输出。正文内容以五号宋体、单倍行距编排，页边距上、下、左、右均不小于 2.54 厘米。

2. 稿件首页包括：中文标题、作者有关信息，包括姓名、所在单位、通信地址、邮政编码、联系电话、电子邮件，以及 300 字以内的作者简介。

3. 稿件次页包括：中文标题、英文标题、中文摘要（300 字以内）及中文关键词（3~5 个）、英文摘要（300 字以内）及英文关键词（3~5 个）。如稿件获基金、项目资助，须注明（包括项目编号）。

4. 正文内各级标题处理如下：一级标题为"一、二、三……"，二级标题为"（一）、（二）、（三）……"，三级标题为"1、2、3……"，四级标题为"（1）、（2）、（3）……"。一、二、三级标题各独占一行，其中一级标题居中，二、三级标题缩进两个字符左对齐；四级及以下标题后加句号且与正文连排。

5. 统计表、统计图或其他示意图等，均用阿拉伯数字连续编号，后加冒号并注明图、表名称；表号及表名须标注于表的上方，图号及图名须标注于图的下方，末尾不加标点符号。例："表1……"、"图1……"等；如图（表）下有标注补充说明或资料来源，格式为先标注补充说明，再另起一段标注资料来源（后不加句点），具体为："注"须标注于图表的下方，以句号结尾；"资料来源"须标注于"注"的下方，并按"正文引用"格式标注文献。

例1：

表3　自变量与官民比的二元相关分析（2006）

变量	与官民比皮尔逊相关系数
县均人口	− 0. 553***

注：$N = 29$，不包括北京和西藏。***、**和*分别表示相关系数通过 0.01、0.05 和 0.10 水平的显著性检验。

资料来源：国家统计局（2007）

三　注释体例

本刊注释体例，主要依照 2001 年美国心理学会出版的 APA 手册（第五版），并结合中文语法结构与写作习惯而定。基本做法是：稿件中凡采用他人研究成果或引述，应在正文中采用括号注与文末列参考文献形式予以说明。以下将按照正文引用、正文注释、文末参考文献三部分加以具体说明。

（一）正文引用

1. 在引文后以圆括号注明作者名（中文名字标注名与姓，外文名字只标注姓）、出版年份及页码。如引文之前已出现作者名，则在名字后直接用圆括号注明出版年份与页码。

例2："……"（Waldo，1948：25 – 27）

例3：夏书章（2003：3）认为"……"。

2. 正文中括号注的具体规范为：被引用著作作者超过 3 位（包括 3

位），只列第一作者，中文文献后加"等"，英文文献后加"et al."；引用相同作者同一年份内不同文献，则按照文中出现先后顺序，在年份后标出小写英文字母顺序；引用论文集文献，直接注明作者姓名，不必另标出文集主编姓名。

3. 引用原文文字过长（一般为三行以上）时，须将整个引文单独成段，并左缩进两个字符。段落字体为5号楷体，不加引号。

（二）注释

不宜在正文中出现但需要进一步澄清、引申的文字，采用当页脚注，用①、②、③……标注，每页重新编号。

（三）参考文献

1. 列于正文后，并于正文中出现的括号注一致，同时按照中文、英文依次排列。

2. 中文、英文文献都按照作者姓名拼音从A到Z排列。与正文括号注不同，文末参考文献中所有作者必须全部列出。英文文献姓在前，名的首字母大写，著作与期刊名用斜体字。

例4：夏书章主编，2003，《行政管理学》，广州：中山大学出版社。

例5：周雪光，2005，《逆向软预算约束：一个政府行为的组织分析》，《中国社会科学》第2期。

例6：杨瑞龙，1999，《"中间扩散"的制度变迁方式与地方政府的创新行为——江苏昆山自费经济技术开发区案例分析》，载张曙光主编《中国制度变迁的案例研究》（第二集），北京：中国财政经济出版社。

例7：Wildavsky, A. 1980. *How to Limit Government Spending*. Los Angeles：University of California Press.

例8：O'Brien, K. J. & Luehrmann, L. M. 1998. "Institutionalizing Chinese Legislatures：Trade-offs between Autonomy and Capacity." *Legislative Studies Quarterly*, 23（1）：420–430.

例9：O'Donnell, G. 1999. "Horizontal Accountability in New Democracies." in Schedler, A., Diamond, L. & Plattner, M. eds. *The Self-restraining State：Power and Accountability in New Democracies*. Boulder：Lynne Rienner Publishers.

3. 其他未公开发表文献按照作者、年份、题名、出处顺序标注。学位论文类文献按照作者、年份、题名、毕业大学顺序标注，并注明为未发表的学位论文。网络文献按照作者、年份、题名、访问网站名称、访问路径顺序标注。

例10：张康之，2006，《超越官僚制：行政改革的方向》，人民网：http：//theory. people. com. cn/GB/40764/55942/55945/4054675. html。

例11：周子康，1991，《中国地方政府编制管理定量分析的研究》（会议论文），北京：东部地区公共行政组织第十四届大会。

四 权利与责任

（一）请勿一稿数投。

（二）凡涉及国内外版权问题，均遵照《中华人民共和国著作权法》及有关国际法规执行。

（三）本刊刊登文章，均加入网络系统。若无此意愿，请来稿时注明。

（四）投稿3个月内未收到刊用通知者，请自行处理。

（五）本刊热诚欢迎国内外学者将已出版的论著赠予本刊编辑部，备"书评"之用，以期建设学术批评的气氛；本刊也热诚欢迎国内外学者或机构将数字治理领域的重要学术信息及时通报我们，以期将《数字治理评论》建设成学术交流的平台。

图书在版编目（CIP）数据

数字治理评论. 第 4 辑 / 郑跃平，郑磊主编. -- 北
京：社会科学文献出版社，2023.12
ISBN 978 - 7 - 5228 - 2522 - 9

Ⅰ.①数…　Ⅱ.①郑…②郑…　Ⅲ.①公共管理 - 数
字化 - 研究　Ⅳ.①D035 - 0

中国国家版本馆 CIP 数据核字（2023）第 179945 号

数字治理评论（第 4 辑）

主　　编 / 郑跃平　郑　磊

出 版 人 / 冀祥德
责任编辑 / 胡庆英　孟宁宁　孙海龙　庄士龙
责任印制 / 王京美

出　　　版 / 社会科学文献出版社·群学出版分社（010）59367002
　　　　　　 地址：北京市北三环中路甲 29 号院华龙大厦　邮编：100029
　　　　　　 网址：www. ssap. com. cn
发　　　行 / 社会科学文献出版社（010）59367028
印　　　装 / 三河市东方印刷有限公司

规　　　格 / 开　本：787mm × 1092mm　1/16
　　　　　　 印　张：12.5　字　数：196 千字
版　　　次 / 2023 年 12 月第 1 版　2023 年 12 月第 1 次印刷
书　　　号 / ISBN 978 - 7 - 5228 - 2522 - 9
定　　　价 / 89.00 元

读者服务电话：4008918866

集人文社科之思 刊专业学术之声

DIGITAL GOVERNANCE
REVIEW Vol.4

《数字治理评论》（*Digital Governance Review*）由教育部人文社会科学重点研究基地中山大学中国公共管理研究中心和中山大学政治与公共事务管理学院主办，是一本致力于推动数字治理研究的学术性集刊。

本集刊力图追踪数字治理理论前沿，回应数字治理实践中面临的问题，倡导规范严谨的学术研究，提升数字治理的研究质量。

出版社官方微信　　集刊公众号　　集刊全文数据库

ISBN 978-7-5228-2522-9

9 787522 825229 >

定价: 89.00元